# Le don, la dette et l'identité

DU MÊME AUTEUR

*La Participation contre la démocratie,* Saint-Martin, 1982.

*La Démocratie des usagers,* Boréal, 1987.

Avec Michel Chauvière, *L'Usager : entre marché et citoyenneté,* L'Harmattan, 1992.

*L'Esprit du don* (en collaboration avec Alain Caillé), Boréal, 1992 ; coll. « Boréal compact », 1995.

Jacques T. Godbout

# Le don, la dette et l'identité

*Homo donator versus homo œconomicus*

Éditions La Découverte
Éditions du Boréal

4447, rue Saint-Denis
Montréal (Québec) H2J 2L2
www.editionsboreal.qc.ca

Les Éditions du Boréal remercient le Conseil des Arts du Canada
ainsi que le ministère du Patrimoine canadien et la SODEC
pour leur soutien financier.

Les Éditions du Boréal bénéficient également du Programme
de crédit d'impôt pour l'édition de livres du gouvernement du Québec.


Dépôt légal : 4e trimestre 2000
Bibliothèque nationale du Québec

Diffusion au Canada: Dimedia

*Données de catalogage avant publication (Canada)*

Godbout, Jacques, 1939-

Le don, la dette et l'identité: homo donator vs homo œconomicus
Comprend des réf. bibliogr.
Publ. en collab. avec La Découverte.

ISBN 2-7646-0079-8

1. Cadeaux – Aspect social. 2. Générosité. 3. Don et contre-don. 4. Anthropologie économique. I. Titre.

BJ1533.G4G6 2000 179'.9 C00-941795-8

# Avant-propos et remerciements

Ce petit livre a pour origine une série de conférences et de séminaires donnés en avril 1995 à Bologne, Milan et Parme à l'invitation des professeurs Donati, Colozzi, Sanicola, Costanza, Scabini — que je remercie à nouveau vivement. Ces conférences étaient basées sur les résultats d'une recherche sur l'importance et les formes du don dans la société moderne conduite en collaboration avec Johanne Charbonneau, Vincent Lemieux et Sandra Ann Franke.

Elles ont donné lieu à la publication en italien d'une première version de cet ouvrage (*L'esperienza del dono,* Liguori, 1998). La présente édition en est une version remaniée et enrichie.

# Introduction

La question de ce livre est assez simple à formuler. Pourquoi, même dans notre société, tant de choses circulent-elles encore en passant par le don ? Pourquoi ressentons-nous encore le besoin de nous compliquer la vie avec les cadeaux, avec les rituels et les incertitudes qui accompagnent le don, alors que notre société a développé des mécanismes beaucoup plus simples et beaucoup plus efficaces pour permettre aux biens et aux services de circuler entre ses membres selon les besoins ou les préférences de chacun ? Je fais référence bien sûr au marché, mais aussi à la redistribution étatique. Une proportion très importante de ce qui circule est en effet régie par ces deux institutions fondamentales de la modernité. Et si on discute beaucoup aujourd'hui des possibilités de limiter l'intervention de l'État, c'est le plus souvent, à cette époque de mondialisation et de triomphe de l'idéologie libérale, pour en transférer la responsabilité au marché.

Et pourtant toute personne qui jette un regard d'ensemble sur la société actuelle ne peut qu'être étonnée par l'importance de ce qui circule en dehors de ces deux mécanismes.

Adoptons provisoirement la définition que donne du don le *Dictionnaire de sociologie* [1999, p. 68] : « C'est le juridique qui permet de distinguer les deux phénomènes [don et échange] : le droit d'exiger une contrepartie caractérise l'échange et manque dans le don. Donner, c'est donc se priver du droit de réclamer quelque chose en retour. » Tout ne passe pas par le don, bien entendu. Mais l'importance que les individus modernes continuent à accorder à ce qui circule entre eux sans exigence contractuelle de retour ne peut que susciter de sérieuses interrogations dans l'esprit de tout observateur qui n'adopte pas *a priori* le postulat libéral. Le don est en effet omniprésent dans les relations qui comptent le plus pour eux telles la parenté et les relations amicales (ce que les sociologues appellent les liens primaires); mais il est aussi très présent dans ce qui circule entre étrangers et dans ce qu'on appelle aujourd'hui le tiers secteur.

Comment fonctionne le don dans ces différents cas de figure? Pourquoi revêt-t-il une telle importance? Existe-t-il plusieurs types de don? Comment comparer le don dans le cadre des liens primaires et le don aux étrangers? Quelles considérations peut-on en tirer pour mieux comprendre les organismes du tiers secteur? Comment comparer le don avec la circulation des choses dans le cadre du modèle marchand ou étatique? Dans quelles circonstances et pourquoi choisissons-nous l'une ou l'autre de ces trois manières de faire circuler les choses entre nous? Autrement dit, pourquoi donne-t-on, mais aussi pourquoi ne donne-t-on pas? Telles sont les questions qui seront au centre de nos préoccupations dans ce livre.

## LE DON COMME PHÉNOMÈNE RELATIONNEL

Ce questionnement va nous conduire à parler beaucoup de la relation sociale. Car ce qui passe par le don passe justement *dans* les relations sociales, alors que les deux autres systèmes constituent soit des appareils qui se situent d'une certaine façon à l'extérieur des liens sociaux (c'est le cas de l'État), soit ce qu'on pourrait appeler des circuits d'évitement des relations sociales, une façon synthétique de définir le marché du point de vue des relations sociales, à la manière de Simmel ou de Hirschman. Pour ce dernier, le trait principal du marché réside dans la facilité avec laquelle les acteurs peuvent sortir d'un rapport social (*exit*). Cette perspective est également proche de celle de sociologues comme Donati et ses collaborateurs, et d'une « théorie relationnelle de la société ». Nous pensons avec eux qu'il ne faut pas essayer de comprendre le don à partir des principes de fonctionnement des sphères marchande ou étatique, mais au contraire essayer de comprendre ces sphères en cherchant ce qui fonde le don, en partant du don.

Cette façon d'aborder le don n'est pas la plus courante dans les sciences sociales, où le don comme système social est une quasi-spécialité de l'anthropologie — ou de la psychologie s'il est considéré en tant que phénomène individuel. Mais ce qui m'a poussé à m'intéresser au don, ce n'est ni l'observation des sociétés archaïques ni celle des comportements individuels sous leur aspect psychologique ou utilitaire. C'est l'étude des structures politiques et administratives qui m'a conduit à m'intéresser à des systèmes alternatifs de circulation des choses entre les agents sociaux — alternatifs aux appareils politico-administratifs d'une part, au marché d'autre part. C'est donc à partir de l'observation et de l'analyse de systèmes sociaux très « modernes » que je me suis progressivement intéressé à ce qui apparaissait à cette époque (les années soixante-dix) comme des survivances : les liens communautaires, le don, les réseaux sociaux, et la façon dont les biens et les services y circulent.

Mais pourquoi chercher autre chose que le rapport marchand et ses consommateurs, ou le secteur public et sa clientèle de bénéficiaires ? Quel était le problème ? Quelle était la source de l'insatisfaction ? La réponse à ces questions permettra de préciser le cadre conceptuel qui est ici privilégié.

## RÉSEAUX ET APPAREILS

C'est dans le cadre de la sociologie des organisations que j'ai commencé à étudier les rapports entre des organisations publiques (services de santé et services sociaux) et leur clientèle, et plus particulièrement les modalités de participation des usagers à ces organisations. En sociologie des organisations, on désigne ce genre d'étude comme l'analyse des rapports entre l'organisation et son environnement.

Ce cadre d'analyse m'est vite apparu insatisfaisant parce qu'incapable de rendre compte de la richesse et de la complexité des rapports avec la clientèle, des problèmes de pouvoir, et du fossé qui existait entre l'organisation et son milieu, un fossé que les structures de participation alors à la mode non seulement ne comblaient pas, mais avaient même souvent pour conséquence de creuser encore un peu plus. C'est pourquoi j'ai intitulé le livre que j'ai écrit à cette époque sur la question « La participation contre la démocratie » [1983]. Ces recherches m'ont conduit à développer l'idée que tant le marché que l'État sont fondés sur une *rupture* entre producteurs et usagers. Cette analyse m'a convaincu de la nécessité de chercher un autre fondement aux liens sociaux. C'est en observant des réseaux sociaux et des organismes communautaires, et en constatant qu'ils étaient basés sur le don, que j'en suis arrivé à m'intéresser à cette manière particulière de faire circuler les biens et les services dans la société actuelle. Car la circulation des choses par le don a comme caractéristique de ne pas introduire cette coupure entre le producteur et l'usager typique du marché et de l'État.

Cette idée, je l'espère, deviendra évidente au fil du texte. On peut l'exprimer provisoirement en ayant recours aux concepts d'appareil et de réseau. Lemieux définit ainsi le concept d'appareil : « Les appareils sont des rassemblements d'acteurs sociaux organisés spécifiquement à des fins de régulation externe des publics. » La caractéristique première que retient une telle définition est celle d'avoir un *public*, c'est-à-dire un ensemble d'individus qui entretient un rapport *d'extériorité* à l'organisation, sans lui être complètement étranger. Il existe donc à la base du fonctionnement de tout appareil une rupture entre le producteur et l'usager, entre un « extérieur » qu'on appelle un public et un intérieur qui constitue l'appareil proprement dit. Tout appareil consacre d'ailleurs une part importante de son énergie à gérer ses rapports entre l'intérieur et l'extérieur, parce que ces rapports sont en état de tension perpétuelle[1]. On peut caractériser ce mode de fonctionnement en disant que les appareils sont hétérorégulés, ou hétéronomes dans leur principe même. Ils sont fondés sur le dualisme, sur ce fossé entre eux et ceux qui sont leur raison même d'exister : leur public.

À l'inverse, les réseaux n'ont tout simplement pas de public. Ils concernent des processus de régulation qui s'adressent à un ensemble de *membres*. C'est pourquoi on peut dire que le mode de fonctionnement d'un réseau, c'est l'autorégulation. Il ne régule pas un public, mais des membres, c'est-à-dire des individus qui font *partie* d'un même ensemble. Cette absence de rupture

1. La participation est un effort pour résoudre cette tension [Godbout, 1983].

producteur-usager qui caractérise les réseaux est inhérente au modèle communautaire.

De là découle tout un ensemble de caractéristiques propres aux appareils et aux réseaux. Pour les appareils, cela entraîne la méta-régulation, une hiérarchie linéaire, une frontière rigide, une faible redondance entre les éléments. Inversement, les réseaux ont plutôt tendance à s'autoréguler, à se caractériser par une hiérarchie non linéaire que Hofstadter [1985] désigne par l'expression de « hiérarchie enchevêtrée » ; la frontière des réseaux est floue, et la redondance tend à être élevée[2].

Si la notion d'appareil s'applique à l'État, celle de réseau convient à la famille et à l'ensemble des réseaux sociaux. Il est toutefois nécessaire de distinguer deux types de réseaux au sein des sociétés modernes. Car le marché est aussi un réseau. La différence entre le réseau marchand et le réseau social au sens strict (car, bien entendu, le marché fait partie de la société et en ce sens, c'est aussi un réseau social) réside dans la dimension d'obligation (sociale) qui relie les membres du réseau social. Le marché est un réseau composé d'individus qui n'ont pas d'obligations autres que celles du contrat marchand. Au contraire, dans les réseaux sociaux, l'individu est imbriqué dans de nombreux liens où se tissent des obligations multiples. Le réseau familial demeure l'institution sociale où les obligations sont les plus grandes, par opposition au modèle libéral de l'individu entièrement libéré de tous ses liens sociaux. La famille est un tout qui est différent de la somme de ses parties, de ses membres.

## L'ÉGALITÉ, L'ÉQUIVALENCE, LA DETTE

À partir de là, comment pouvons-nous distinguer les principes de circulation des choses propres aux réseaux sociaux, au marché et à l'État ? On a l'habitude de distinguer les trois sphères selon différents critères. Si on s'intéresse à la façon dont les biens et les services circulent à l'intérieur de chaque sphère, on constate que chacune est dominée par un principe différent. Le marché est dominé par le principe de l'équivalence et la recherche de

2. Ces notions sont développées dans Lemieux [1981].

l'utilité (ou du profit) dans l'échange; l'État est dominé par le principe de l'autorité et du droit, et la recherche de l'égalité et de la justice; la sphère des réseaux sociaux est dominée par le principe du don et de la dette. Cette dernière comprend l'univers des rapports personnels et celui des associations où domine le don entre étrangers.

De nombreux auteurs ont développé un type de classification analogue. Autrement dit, nous faisons partie de ces chercheurs dont le point de départ est le sentiment qu'il n'est pas possible de comprendre la société en partant de l'État ou du marché, et qu'il faut au contraire comprendre ces deux instances comme émanant d'elle. Ce renversement n'est pas facile à opérer tant nous restons sous l'influence des catégories marchandes et étatiques. Ainsi l'expression même de tiers secteur fait évidemment référence au marché et à l'État, et Donati [1993] a raison en ce sens de lui préférer celle de « privato sociale ». Pour notre part, nous partirons ici du lieu le plus éloigné de l'État et du marché : nous analyserons d'abord le don dans les liens primaires avant de l'observer dans le don aux étrangers qui caractérise le tiers secteur. Nous espérons ainsi contribuer à cette nécessaire définition de la société indépendamment des catégories du marché et de l'État, ce qui signifie, notamment, indépendamment du rapport salarial. Car celui-ci est la conséquence à la fois la plus évidente et la plus universelle du marché et de l'État, et c'est le fondement de leur fonctionnement.

Cette topologie ne signifie pas que les principes de l'équivalence, de l'égalité ou de la dette, soient absents en dehors de la sphère dont ils constituent le principe dominant. Tous les principes sont présents dans toutes les sphères de la société; mais ils y jouent un rôle différent et leur articulation y diffère — puisqu'une telle perspective revient à faire l'hypothèse que dans chaque sphère un des principes est en quelque sorte le *principe organisateur.* Il sert de *norme de référence* aux acteurs pour juger de leur comportement face à la circulation des biens et des services dans une sphère donnée. Ainsi, au Québec, Aline Charles montre bien comment le monde des hôpitaux a longtemps été dominé par le principe du don sous la forme du bénévolat. Le bénévolat constituait la norme de référence du monde hospitalier, structurant même les rapports marchands (les relations de travail) qui s'y trouvaient. Les bénévoles y étaient alors les personnages principaux ; et A. Charles montre que, dans le cadre de ce système de valeurs dominant, les salariés éprouvaient même un certain malaise et ressentaient le besoin de justifier leur salaire. Aujourd'hui, comme chacun sait, c'est exactement la situation inverse qui prévaut : le monde des hôpitaux est principalement structuré par un rapport salarial fondé sur la compétence technique et professionnelle, et sur le rapport autoritaire hiérarchique ; et le rapport salarial y est la norme. Mais dans ce milieu dominé par l'équivalence, le droit, et parfois le profit, il existe aussi des rapports de don, notamment au travers de la présence de bénévoles. Mais comme le don n'est plus la norme de référence, l'action des bénévoles tend à être dominée par les critères du principe marchand dont ils doivent continuellement se défendre. Aujourd'hui, un bénévole dans le secteur hospitalier est même potentiellement considéré comme usurpant le travail d'un salarié. Le principe dominant n'est plus le même.

Selon les époques et les sociétés, il existe donc un rapport global entre les différents principes, une hiérarchie différente. Et chacun sait que l'heure de gloire de l'État est du domaine du passé et que le principe marchand jouit actuellement d'un prestige qui s'étend à toutes les sphères, rendant par exemple plus ou moins anormale toute activité non salariée. Nous devrons tenir compte de cet état de fait.

## LA SPÉCIFICITÉ DE L'ENTRÉE PAR LE DON

Dans les pages qui suivent, nous analyserons donc les liens sociaux, mais tels qu'ils nous apparaissent à partir de ce qui y circule sous forme de don. Le fait d'appréhender les relations sociales par le don plutôt que, par exemple, par l'analyse du tiers secteur comme le font beaucoup de chercheurs, a plusieurs conséquences qu'il n'est pas inutile de relever.

### *S'intéresser à ce qui circule*

D'abord, même si l'on est constamment préoccupé par les relations sociales, on ne braque pas le projecteur directement sur la relation *mais sur ce qui y circule*.

L'objet de l'étude n'est pas la relation en tant que telle, mais ce qui circule entre les termes de la relation. Or, faut-il le rappeler ? ce qui circule est habituellement appréhendé dans le cadre du modèle marchand, c'est-à-dire en référence à une matrice non relationnelle, une matrice où l'on a extrait — *disembedded* comme dit le sociologue Mark Granovetter [1985] à la suite de Karl Polanyi [1957] — de la relation ce qui circule pour essayer de l'expliquer en soi, en postulant l'existence d'une seule catégorie de relation sociale, d'un sens univoque accordé aux liens sociaux : l'intérêt. C'est pourquoi on en est arrivé à étudier de façon séparée les liens sociaux et la circulation des choses. Comme le montrent bien Colozzi et Bassi [1995, p. 48], on analyse ce qui circule en adoptant le point de vue économico-social du marché (ou de la redistribution étatique), et on étudie les liens sociaux dans le cadre d'un point de vue symbolico-relationnel — ou psychologique. Les deux sujets sont généralement séparés. On peut même avancer qu'une telle séparation fait partie de l'idéal de la modernité : les liens affectifs d'un côté, les choses matérielles de l'autre.

L'étude de la société à partir du don considère une telle séparation comme une projection idéologique. Elle oblige nécessairement à joindre les deux perspectives puisque l'objet d'étude — ce qui circule — appartient au monde économico-social, mais que la question qu'on lui pose — son rapport au lien social — relève d'une approche symbolico-relationnelle. En étudiant le don, nous faisons donc nécessairement éclater cette rupture entre l'étude de ce qui circule matériellement d'une part, et l'étude des rapports sociaux d'autre part. L'objet est économico-social, mais le point de vue est symbolico-relationnel.

On a là une première spécificité de l'entrée par le don : l'obligation d'analyser la circulation des choses et les liens sociaux à l'intérieur d'un même modèle ; autrement dit, l'obligation de faire le lien entre l'objet habituel de l'économique et l'objet habituel de la sociologie.

### *Chercher le sens du geste*

On est donc conduit dès le départ à considérer le tout, et donc à ne pas séparer des liens sociaux ce qui y circule, car étudier la circulation des biens et des services dans la perspective du don, c'est d'abord chercher à en comprendre le sens pour les acteurs. Un interviewé à qui on faisait remarquer qu'il avait beaucoup reçu de sa sœur aînée nous a aussitôt rétorqué : « Je n'ai pas reçu, j'ai pris. » Comme dit Descombes [1996], « en laissant de côté l'intention, la description qui s'en tient aux faits bruts laisse de côté le don lui-même ». Nous pensons que toute observation de la circulation des choses qui met entre parenthèses le sens de cette circulation pour les acteurs et ne retient que la quantité des choses qui circulent est condamnée à adopter le cadre de référence marchand — à faire le compte de ce qui circule dans une direction et dans l'autre, et à postuler à plus ou moins long terme une règle de l'équivalence. Autrement dit, à postuler une seule signification, celle d'un échange équilibré. Nous ne faisons pas ce postulat.

Mais aussitôt que l'on considère la question du sens pour les acteurs se pose le problème du « vrai » sens par opposition aux rationalisations que les gens se construisent, celui de l'interprétation du chercheur par opposition à celle de l'indigène[3]. Il n'est pas question de nier que les gens (se) mentent parfois, ou qu'ils (se) construisent des justifications qui ne correspondent pas à la réalité ou à la véritable motivation de leurs actes. En l'occurrence, il est sûrement vrai que parfois on donne pour recevoir (consciemment, ou plus ou moins consciemment — et avec plus ou moins de honte aussi, car il y a une norme du don) ou que l'on donne pour dominer l'autre, et que, évidemment, on ne va pas nécessairement le dire à l'enquêteur (ni à soi-même d'ailleurs). Comment discriminer ? Dans l'enquête que nous présentons plus loin, nous avons eu le privilège, rare paraît-il, de pouvoir interroger plusieurs membres du *même* réseau familial, et d'être ainsi en mesure de comparer ce que les partenaires disent du même échange. C'est ce que l'on peut appeler la « méthode des regards croisés ». Cette méthode met également en évidence le fait que nous analysons le don comme une relation et non pas comme un geste isolé, ce qui nous distingue de l'approche psychologique. Le don, comme le marché, est une relation. Mais son sens est différent. Nous nous situons toujours du

3. On connaît le reproche de Lévi-Strauss à Mauss à ce sujet, et le débat toujours ouvert qu'il a suscité. Deux ouvrages français récents le reprennent [Godelier, 1996 ; Descombes, 1996].

point de vue du sens que tous les acteurs accordent au geste (l'auteur du geste comme les autres membres du réseau). C'est ce que nous appelons *l'esprit du geste qui est posé.*

Bref, la circulation matérielle (objets, services, argent, hospitalité...) constitue la voie d'accès à l'étude de la circulation du don. Mais la circulation symbolique (affection, haine, etc.) n'est jamais évacuée de l'analyse. On verra même que, dans le don d'organes, cette distinction entre circulation réelle et circulation symbolique se révèle essentielle.

### *Le don comme forme du lien communautaire*

Le problème s'est posé à partir du constat des limites de l'État et du marché. Mais en nous centrant sur le don, le point de départ ne peut plus être ces deux systèmes — où le don n'est pas le principe dominant —, mais bien plutôt, tout naturellement, le champ des liens primaires, où il l'est. C'est à partir de là qu'on analysera les formes intermédiaires entre les liens primaires et l'État ou le marché, ce lieu aux frontières floues qu'on appelle le tiers secteur, l'économie sociale, etc.

C'est seulement après avoir présenté les résultats d'une recherche sur la circulation du don dans les liens primaires (en l'espèce, les rapports de parenté) que nous aborderons cet espace social du don entre étrangers, en tentant de voir comment il se différencie des liens primaires, mais aussi du marché et de l'État. En se centrant sur ce qui circule et sur la façon dont ce qui circule est relié aux liens sociaux, on verra ensuite quelles conclusions il est possible d'en tirer sur des questions très discutées comme les possibilités de partenariat entre les différents secteurs. Cette extension nous conduira finalement à l'étude du don d'organes.

Du don dans les liens primaires au don entre inconnus, le fil conducteur sera la recherche de « l'esprit du don » : de ce qui se passe chez le donneur, chez le receveur, lorsque le don circule. Nous serons conduit à conclure que, au-delà de ce qui circule, ce qui est en jeu dans le don, ce que nous mettons en jeu dans le fait de donner, de recevoir, de rendre, ce que nous risquons, c'est *notre identité*. Ce phénomène sera mis en évidence par l'analyse du don d'organes, et conduira à questionner la vision moderne de la circulation des choses et à proposer le postulat du don.

# Première partie

# *LE DON DANS LA PARENTÉ*

# Introduction

## Les trois circuits du don

À l'instar des autres institutions, la famille s'est modernisée. Est-ce à dire qu'elle est passée de l'obligation contraignante au rapport contractuel marchand libre ? Que signifie, aujourd'hui, le fait d'être membre d'un réseau familial ? Reste-t-il quelque chose du don après l'éclosion de la modernité, et l'individu moderne a-t-il encore une famille, ou faut-il dire plutôt que, au sein de réseaux multiples et variés dont la famille et la parenté font partie, il pratique l'échange de services sur le mode utilitaire, choisissant librement et rationnellement selon ses préférences comme le lui enseigne le modèle économique ?

Ces questions sont abordées ici à partir d'une réflexion alimentée par les résultats d'une enquête[1] centrée sur la circulation des biens et des services au sein des réseaux de parenté. En tout 41 personnes ont été rencontrées, appartenant à différents milieux sociaux. La composition des sept réseaux observés a permis d'accéder à une grande variété de liens bilatéraux : filiation (à travers trois générations), fratrie, conjugalité, rapports tantes-oncles/nièces, rapports entre beaux-frères et belles-sœurs… Les personnes interviewées avaient entre 13 et 79 ans. Les réseaux ont été appréhendés sur trois générations : grands-parents, parents, enfants. Pour chaque réseau, nous avons rencontré au moins un membre

1. Recherche effectuée avec Johanne Charbonneau et Vincent Lemieux. Ce qui est présenté ici est une synthèse du rapport de recherche [Godbout, Charbonneau, 1996].

en ligne directe de chaque génération, et quelques collatéraux de la génération intermédiaire par laquelle nous sommes généralement entrés dans le réseau. L'ensemble du réseau est saisi à un moment donné, mais il est aussi situé dans son histoire. Outre les classiques situations conjugales et familiales « traditionnelles », les réseaux comptent aussi des familles recomposées ou monoparentales et des personnes séparées vivant seules, des célibataires, des veufs et des veuves. Les entretiens ne se sont pas limités à la description des relations entre les seules personnes rencontrées. Les activités et les événements abordés sur une longue temporalité font en effet intervenir un réseau beaucoup plus large. De plus, chacun a son propre réseau, plus étendu que le réseau de parenté auquel il appartient. Les situations décrites et analysées réfèrent ainsi à un univers beaucoup plus vaste que celui des 41 personnes qui ont participé à l'enquête. C'est inévitable si on se rappelle que l'aspect flou et instable des frontières est une caractéristique importante des réseaux [Degenne, 1994; Lemieux *et alii*, 1981].

Nous ne décrirons pas en détail tout ce qui circule dans les réseaux de parenté. Nous considérons que les données plus générales sur ce qui circule sont familières. Mais, avant de nous attacher à examiner les normes et les règles qui régissent cette circulation, donnons un bref aperçu des *trois grands circuits* du don, de leur registre et de leur « esprit ».

On peut définir des types de don selon le sens du geste, en rapport avec l'importance de *l'utilité* (instrumentalité) pour le receveur. Un cadeau d'anniversaire ne doit pas avoir la même utilité qu'un service rendu. Les mêmes règles ne s'y appliqueront pas nécessairement.

On peut globalement distinguer deux registres différents — celui du cadeau et celui de l'aide — et définir ainsi trois types de don : le cadeau en tant que tel, les services et l'hospitalité.

• *Les cadeaux* — Le cadeau est le prototype du don, le don avec toutes ses propriétés. Le don y est *au service du lien*. La norme de la *non-instrumentalité* y est la plus forte. Mais elle joue différemment selon les cas et une certaine instrumentalité peut être présente, comme dans les cadeaux liés aux grandes étapes du cycle de vie (mariage, installation, naissance).

• *Les services* — Les services sont rendus *au nom du lien*. La norme du besoin du receveur régit la circulation des services ; celle de la capacité lui répond, du point de vue du donneur. En termes d'instrumentalité, c'est l'inverse du cadeau. Mais si le service est un don, il se distingue aussi du marché et de l'État, car ce qui circule est conditionné par le lien, comme pour le cadeau. C'est pourquoi nous disons que cela se fait *au nom* du lien. Même s'il s'agit surtout ici de services, on ne doit pas exclure la circulation d'objets dans cet esprit : prêt d'outils, don de vêtements d'enfants, don d'argent, etc., qui ne sont pas faits comme des cadeaux, mais pour leur utilité seulement — pour, comme on dit, « rendre service ». Tel est l'esprit de ce type de don.

Les services sont de nature très variée : bricolage, construction et rénovation de maison[2], transport, garde d'enfants, soins en cas de maladie, aide pour réaliser une démarche, accompagnements en tous genres… Ces services représentent une partie importante de la circulation des choses dans la parenté.

• *L'hospitalité* — L'esprit de l'hospitalité peut s'apparenter soit au cadeau (invitation à un repas, à une fête), soit au service (héberger quelqu'un qui en a besoin). Autrement dit, l'hospitalité peut être utilitaire ou non selon les cas.

Toutes ces formes de circulation demeurent très importantes dans tous les réseaux étudiés. Certes, les biens et les services passent aussi beaucoup par l'État et le marché. Les cadeaux sont achetés. Mais ceux qui sont « faits main » sont plus valorisés. L'argent n'est pas valorisé comme cadeau, sauf des hommes à leurs fils ou petits-fils. Les services, malgré la présence de l'État, demeurent très importants, et c'est sur la famille que l'on compte lorsqu'il y a véritablement des coups durs et certains besoins urgents. Quant à l'hospitalité, elle est aussi très importante, comme service ou comme cadeau (fêtes, mais aussi hébergement de quelqu'un en difficulté).

---

2. Déchaux rappelle que, dans certaines régions de France, « construire en famille est aussi l'occasion de se retrouver et de faire la fête. La construction de la maison cristallise l'un des temps forts des relations familiales : c'est le moment où se retrouve la parenté la plus vaste pour soutenir l'effort du jeune ménage qui reprend pied au pays » [1990, p. 92]. Voir aussi O'Connell [1984].

# 1

# Le marché, la justice, la réciprocité. Quelles normes pour le don dans la parenté ?

Quelles sont les normes auxquelles se réfèrent les membres des réseaux de parenté ?

La première hypothèse qui vient à l'esprit concerne le marché. La norme marchande a en effet envahi la société moderne et tend à régir la circulation des biens et des services dans tous les secteurs. Dans quelle mesure le principe marchand a-t-il aussi pénétré les échanges dans la famille ? Plutôt que le don, la famille d'aujourd'hui n'appliquerait-elle pas plutôt les lois du marché, comme la recherche de l'équivalence — et même du gain — dans les transactions entre ses membres ?

## La parenté tient le marché à distance

Il n'est pas inutile de rappeler ici deux thèses courantes à propos de l'importance et du sens de ce qui circule dans la famille.

La thèse classique en sociologie depuis Durkheim et Parsons considère que, avec la modernisation, la famille joue un rôle économique (de production et d'échange des biens et services) de plus en plus négligeable. Elle se spécialise dans la fonction affective. Ce serait une sorte de lien social à l'état pur. Pour reprendre les termes de Karl Polanyi [1977], l'économie substantielle[1] serait de plus en plus absente de la famille. Tout ce qui circule de matériel aurait tendance à passer par le circuit du marché ou de la redistribution étatique, ne laissant à la famille et à la parenté que la responsabilité des liens affectifs où, idéalement, rien de matériel ne circulerait [de Singly, 1988].

Par ailleurs, une seconde approche (*public choice*, théorie des choix rationnels, individualisme), plus récente, a pris de l'importance avec la généralisation du modèle économique aux institutions non économiques telles que la famille. Pour elle, les rapports entre les membres de la famille sont de nature utilitaire et intéressée, et sont régis par le modèle marchand. C'est pourquoi ils sont même quantifiables monétairement. On peut rendre compte de toutes les décisions — celle de se marier, de divorcer, d'avoir des enfants, de faire tel ou tel choix éducatif, etc. — en faisant une analyse coûts-bénéfices comme s'il s'agissait de décisions économiques. En fait, pour les tenants de cette approche, ce sont des décisions économiques.

Mais aucune des deux thèses ne se vérifie dans les réseaux que nous avons observés. En ce qui concerne le premier point, on a pu constater que, même si la parenté a recours quotidiennement au marché et souvent aux services de l'État, la circulation interne aux réseaux demeure très importante, comme l'ont déjà montré plusieurs auteurs [Bonvalet *et alii*, 1993 ; Pitrou, 1993 ; Roberge, 1985], ce qui se confirme dans tous les entretiens.

Qu'est-ce qui circule ? Des biens, certes, mais surtout des services et de l'hospitalité. Les réceptions sont nombreuses, officielles ou informelles ; l'hébergement est fréquent, au moment du divorce d'un membre par exemple. Les services rendus sont innombrables, quotidiens, ou plus rares mais plus importants. À cet égard, nous avons été étonnés de constater que des relations fortes de voisinage existent dans la majorité des réseaux. De même, il apparaît que, dans la majorité des réseaux, au moins une personne est prête à prendre en charge ses parents si cela est

1. Cette dernière correspond à « l'économie en tant que procès institué d'interaction au service de la satisfaction des besoins matériels » [p. 31]. Elle s'oppose à l'économie formelle, fondée sur l'échange tel que le définit Polanyi : « Un mouvement bilatéral de biens entre les personnes orienté vers le gain qui en résulte pour chacun » [p. 42]. C'est en gros la définition de l'économie néoclassique.

un jour nécessaire. La présence de la mère à la maison (ou de la sœur aînée ou même de la belle-mère en l'absence de la mère) après l'accouchement demeure également une pratique courante. (D'ailleurs une partie importante des services et de ce qui circule en général est relié aux enfants : cadeaux, garde, hébergement. « Il y a eu un temps où il n'y avait même pas d'enfants à garder, il n'y avait rien qu'on pouvait échanger », va jusqu'à dire l'une des femmes rencontrées). La circulation de l'argent est également importante. Verticalement surtout, des ascendants vers les descendants, mais aussi de façon horizontale, au sein de la fratrie.

Bref, l'économie substantielle demeure importante dans la parenté, même si elle a évidemment beaucoup perdu de son poids relatif. Étant enfant, lorsque ma famille voyageait, c'était rarement pour faire du tourisme, mais le plus souvent pour rendre visite à des parents qui habitaient à la campagne. Et je n'ai aucun souvenir d'être allé au restaurant avec mes parents le dimanche, mais plutôt d'être aller faire des piques-niques. Même si ces pratiques existent encore, l'utilisation du marché par la famille a connu une croissance phénoménale. Dans tous les réseaux, nous n'avons rencontré qu'une seule personne qui passe ses vacances à « faire le tour de la parenté », et elle a elle-même présenté ce comportement comme exceptionnel. Il en est de même pour l'hébergement par un membre de la parenté. L'usage de l'hôtel augmente avec le revenu, mais aussi avec l'âge. Plus on vieillit, plus on préfère aller à l'hôtel plutôt que d'être hébergé par un parent.

En termes absolus, on utilise beaucoup le marché, et la distance parcourue est grande. Mais elle connaît des limites et ne rend pas marginal ce qui continue à être fourni à l'intérieur du réseau de parenté. On mange rarement au restaurant à Noël, et on ne fait pas garder les enfants par des étrangers lorsqu'on s'absente longtemps… En outre, on affirme souvent avoir des préférences pour le recours à la famille, pour des services importants et de nature pénible par exemple. L'hébergement, lui, demeure important dans les moments difficiles.

À la première thèse, on peut donc répondre que, même si c'est à un degré moindre, la parenté continue à jouer un rôle significatif dans l'économie substantielle. Autrement dit, la parenté continue d'être une institution importante pour répondre aux besoins matériels des membres de la société moderne. En ce sens, il y a bien une *économie de la parenté*, et ses réseaux ne tendent pas à évacuer cette fonction pour se consacrer exclusivement aux liens affectifs comme le croyait Durkheim au début du siècle.

Mais la sphère marchande pourrait malgré tout avoir pénétré l'institution familiale non pas en tant que ses membres auraient recours au marché pour acquérir des biens, mais au sens où ils se conformeraient à des normes d'*équivalence* — voire même de rentabilité — dans leurs transactions. Or on constate que cette pratique est quasi inexistante.

En fait, non seulement on n'utilise pas le marché comme norme, mais on prend volontairement de la distance par rapport au modèle de l'équivalence, au prix, et surtout au gain. Faire du profit dans un échange avec un membre de la parenté est considéré comme inacceptable. Il arrive certes qu'on utilise les prix comme moyen dans certaines transactions. Il arrive que quelqu'un loue un logement à un membre de sa famille, ou reçoive de l'argent en contrepartie d'un travail effectué pour un parent, ou encore lui vende un objet. Mais la norme est alors plutôt que le prix de ces transactions *s'éloigne* du prix de marché. Le critère est souvent le revenu de chacun, et le prix avantage généralement celui dont le revenu est le plus bas. On s'éloigne donc non seulement du gain, mais aussi de l'équivalence. Et si parfois on recherche l'équivalence, ce n'est pas dans un esprit marchand, mais pour prendre ses distances dans une relation qui traverse une période difficile, jamais pour faire du profit. Car faire un profit (réaliser un surplus) avec un membre de la famille, cela équivaut en fait à engendrer une dette, à s'endetter. Nous reviendrons sur ce thème plus loin. Contentons-nous ici de remarquer qu'avec une telle norme, le profit peut difficilement exister. Même si beaucoup de biens et de services continuent à circuler dans la famille, le modèle (normatif) marchand est donc demeuré par ailleurs extérieur à la parenté. Ce lien social tolère mal le rapport marchand.

Il serait toutefois erroné d'en conclure que les réseaux de parenté sont non modernes. Cette modernité se manifeste notamment par le très grand désir de liberté (« indépendance » est le terme le plus souvent utilisé par les interviewés) manifesté par les membres des différents réseaux. Et si on rejette le principe marchand pour la circulation entre les membres des réseaux, on l'utilise par ailleurs pour rendre les rapports de parenté plus libres, moins obligatoires. Le marché offre une possibilité de sortir du réseau (l'*exit* de Hirschman) qui permet d'éviter des conflits. Mais cet *exit* est moins important qu'on ne l'aurait cru dans des domaines essentiels comme le vieillissement et la perte d'autonomie des parents. Les parents affirment qu'ils ne veulent pas être un fardeau pour leurs enfants; et que, donc, si nécessaire, ils iront dans une maison de retraite — c'est-à-dire qu'ils utiliseront les institutions offertes par le marché ou par l'État. Mais les enfants de leur côté se montrent disposés à s'en occuper le plus longtemps possible, et certains offrent même de les héberger s'ils le souhaitent. En ce sens, le marché contribue, mais indirectement, à accroître la liberté des membres du réseau. Les rapports familiaux entre adultes sont de plus en plus vécus comme un univers de liberté. C'est de cette façon que la modernité et l'idéologie marchande se manifestent dans les réseaux de parenté.

Ce qui n'empêche pas par ailleurs que le recours au réseau soit considéré comme assuré. Lorsqu'on demande aux membres des réseaux ce qui distingue les liens familiaux des autres liens, la réponse la plus fréquente est l'inconditionnalité. Le lien familial serait même le seul lien inconditionnel, et les membres de la famille seraient les seuls sur lesquels on a l'assurance de pouvoir compter… sans compter, c'est-à-dire quelles que soient les circonstances. Le réseau familial est donc doté pour ses membres d'une très grande fiabilité malgré cette liberté.

Si ce n'est pas le principe marchand, quelle autre norme régit la circulation à l'intérieur des réseaux ? Serait-ce la norme de justice ?

## LA PARENTÉ TIENT LA JUSTICE À DISTANCE

Dans quelle mesure la circulation des biens au sein des réseaux de parenté est-elle influencée par des normes de justice, et lesquelles ? Quelle importance ses membres accordent-ils à l'égalité des contributions et des rétributions de chacun ? ou au contraire à la proportionnalité, chacun contribuant selon ses ressources ?

Pour répondre à ces questions, passons brièvement en revue les trois circuits du don définis plus haut.

*L'aide et les services*

Dans la parenté, ceux qui donnent ne s'attendent pas à recevoir de la personne aidée une aide égale ou équivalente. On se réfère donc rarement au principe d'égalité dans les fréquents rapports entre donateurs et donataires d'aide de diverses natures (services, secours monétaire, etc.). Bien sûr, on s'attend à une certaine manifestation de reconnaissance (petit cadeau, hospitalité dans le cas de corvées…) et à être aidé à son tour si nécessaire — et si la personne aidée est disponible et en état de rendre service le moment venu. Pourtant, ce qui sera rendu ne sera pas en rapport avec ce qui a été donné, mais avec le besoin de celui qui recevra à son tour. « Ça n'a pas d'importance, je pense que ça se vaut », est la formule qui se rapprocherait le plus d'un principe (large) d'égalité.

Les principes qui régissent principalement l'aide sont les suivants :

— *le besoin de celui qui reçoit*. Ce principe est partout, mais il s'applique plus particulièrement aux situations de crise : décès, séparation, accident, maladie grave, etc. Il y a alors mobilisation générale des ressources selon les possibilités de chacun, sans idée de retour.

— *la capacité, la compétence, la disponibilité de celui qui donne*. Dans des circonstances moins graves, et plus courantes, un certain retour est normal; mais ce n'est pas la norme la plus importante au sens où elle est soumise à d'autres principes comme la capacité de chacun et sa disponibilité. Ainsi, on ne se rapprochera de la norme de l'égalité que dans les cas où les besoins sont similaires et où existent disponibilités et capacités en rapport. Un exemple : si deux sœurs ont des enfants, il y aura généralement réciprocité dans la garde. Mais si une seule est mère, il pourra y avoir garde unilatérale, et le service pourra même être rendu plus fréquemment que dans le premier cas, dans la mesure où la sœur sans enfant est plus disponible.

— *la réputation*. Ce principe s'ajoute aux autres. Il y a dans chaque réseau des membres qui se sont bâti avec le temps une réputation de donneurs, de qui on attend davantage, sans que cela relève d'une norme de justice distributive.

— *la liberté*. Il importe de respecter la liberté et l'indépendance de celui qui rendra éventuellement le service, de sorte que la norme idéale est de ne pas demander un service mais de se le faire plutôt offrir. Une aide ou un service pourront être mal vécus par le donateur, non parce qu'il n'aura pas reçu l'équivalent en retour, mais parce qu'il se sera senti *obligé* de donner, ou que le donataire n'aura pas marqué convenablement sa reconnaissance. Il est souvent difficile de démêler ces deux dimensions. Mais les deux motifs conduisent de toute façon à souhaiter des rapports distants, ou même l'absence de rapports. Autrement dit, en cas de problème, on tend plus à minimiser le lien qu'à réclamer justice.

Quand donc invoque-t-on une norme de justice dans la circulation de l'aide ? Dans les deux situations symétriques suivantes : celle du receveur de plusieurs donneurs et, inversement, celle du donneur à plusieurs receveurs. Ce n'est que dans ce dernier cas (un donneur, plusieurs receveurs) que l'on invoque couramment la norme de justice et même, souvent, le principe d'égalité. Par exemple, les parents qui soutiennent financièrement leurs enfants adultes accordent généralement une grande importance (plus grande que les enfants eux-mêmes) à la norme de justice, qui prend la forme du principe d'égalité, mais aussi du principe d'équité. Dans le cas inverse où plusieurs membres d'une famille rendent service à la même personne (les enfants aux parents âgés par exemple), le principe d'équité l'emporte sur le principe d'égalité : chacun doit faire son possible, selon ses capacités (moyens financiers, disponibilité, compétence sociale). On évaluera la contribution de chacun selon ce principe.

### *Les cadeaux*

Cadeaux d'anniversaire, de retour de voyage, de Noël, cadeaux pour « services rendus » , cadeaux « pour rien » : se réfère-t-on à des normes de justice pour caractériser la circulation des choses sous forme de cadeaux dans les réseaux de parenté ?

À première vue, et même si cela peut sembler étonnant dans cet univers de la gratuité par excellence qu'est le cadeau, la norme de justice semble plus présente ici que dans la circulation de l'aide. Elle prend même la forme du principe d'égalité, voire d'une immédiateté quasi marchande, dans cet « échange » de cadeaux que constitue le rituel des cadeaux de Noël.

Si on examine d'abord le rapport donateur-donataire, il faut distinguer entre la circulation intergénérationnelle et la circulation intragénérationnelle des cadeaux (cette dernière touchant principalement la fratrie et les conjoints « alliés »).

Il n'y a pas de principe d'égalité entre les générations dans le rapport entre un donneur et un receveur. Tous les enfants reçoivent des cadeaux de tous (parents, grands-parents, oncles et tantes, y compris ceux qui n'ont pas d'enfants) jusqu'à un certain âge (en gros, l'adolescence). Les enfants, à partir d'un très jeune âge, font un cadeau aux parents, le plus souvent ensemble et en partageant à égalité les coûts, jusqu'à la mort des parents. Mais il n'y a pas de principe d'égalité ni d'équité de la part des parents, qui donnent également des cadeaux sans rapport avec ce qu'ils reçoivent, mais en fonction plutôt de leurs ressources et de certaines coutumes.

Mais si on examine maintenant non plus le rapport entre un donneur et un receveur, mais le rapport entre les donneurs ou entre les receveurs, la situation est différente. Comme dans l'aide, on retrouve alors la norme de justice dans la comparaison *entre* les enfants, c'est-à-dire entre les receveurs plutôt qu'entre le donateur et le donataire. Voici un exemple extrême d'égalité :

> « Si elle [la mère de l'interviewé] achète un T-shirt pour un enfant, elle en achète pour les treize [petits-enfants] ; mais là, avant d'en trouver treize qui vont à tout le monde, c'est de la recherche. Ensuite, si elle achète une montre, si elle ne peut pas acheter une montre à tout le monde, souvent, c'est parce qu'elle a noté qu'il y en avait un qui n'avait pas de montre : elle va y aller par le prix, elle va trouver l'équivalent. Ces cadeaux-là sont emballés avec la même décoration dessus. Il y a une justice, une équité. C'est surtout ça que j'admire chez elle, sa manière d'être équitable. »

Mais, parallèlement, on applique aussi souvent le principe d'équité : on donnera, en plus du cadeau officiel, une certaine somme d'argent à celui qui vient de loin ou à celle qui est étudiante et a peu de ressources. Cette règle officieuse, sans être énoncée, n'est pas non plus cachée.

Venons-en maintenant à la circulation intergénérationnelle entre frères et sœurs et leurs conjoints. On observe à Noël un système courant qui, à première vue, se rapproche du principe d'égalité, voire de l'équivalence immédiate de la transaction marchande. Le système fonctionne de la façon suivante : après avoir fixé une somme d'argent à ne pas dépasser dans l'achat du cadeau, chacun choisit par tirage au sort le nom de la personne à qui il doit faire un cadeau. Chacun reçoit donc un cadeau d'un montant équivalent à celui qu'il a offert. Formellement, quantitativement, c'est presqu'un échange. Mais, selon les règles que nous nous sommes données, pour comprendre ce rituel, cherchons-en le sens pour les acteurs. Il apparaît clairement que ce n'est pas l'échange qui est recherché, dans ce système qui n'est pas sans analogie avec la tournée dans les bistrots. Son sens ne réside pas dans cet échange égal, absurde au sens économique, mais dans l'expression du lien [Wuthnow, 1991, p. 293]. C'est évident lorsqu'on observe la genèse du système et sa raison d'être.

Rappelons d'abord qu'il ne s'applique pas aux cadeaux intergénérationnels, mais seulement aux cadeaux intragénérationnels, et plus précisément aux cadeaux entre les frères et les sœurs et leurs conjoints. Or le mariage des frères et sœurs et l'arrivée des enfants font que le nombre de cadeaux finit par être considéré comme trop important par les membres de la génération intermédiaire entre les enfants et les grands-parents. C'est à ce moment du cycle qu'on introduit ce système de répartition des cadeaux qui en limite le nombre. L'introduction de ce système de tirage au sort permet alors de continuer à s'offrir des cadeaux entre adultes au lieu de limiter les cadeaux aux enfants. En limitant le nombre de cadeaux, l'objectif visé est donc de conserver la possibilité d'en offrir. Car l'alternative est souvent non pas de continuer à en donner à tous, mais de cesser d'en offrir. Du reste, on constate que d'autres cadeaux circulent parallèlement à ce système. On donne des petits extras, des cadeaux en plus de ce qui était prévu et de ce sur quoi tout le monde s'était entendu. On dépasse aussi fréquemment le montant prévu.

La tendance à l'excès dans le don est un phénomène bien connu des anthropologues. Sans être aussi spectaculaire que le *potlach*, elle est présente ici et constitue évidemment une norme très éloignée de la norme de justice. Elle consiste à jouer avec les règles, à s'en éloigner — y compris de celles que le groupe lui-même a établies. Ce dépassement des règles est général dans le cas des cadeaux.

Enfin, comme dans le cas de l'aide, on rencontre des gens qui ont la réputation d'être de grands donneurs de cadeaux. Il arrive même que, dans le réseau, une personne passe pour en donner trop, non par rapport à une norme de justice, mais parce que l'on juge qu'elle n'a pas les ressources suffisantes. « Elle ne pense pas assez à elle [...] elle n'a pas assez d'argent et ne devrait pas faire de si gros cadeaux. » Il est clair que ce n'est pas la justice qui est en cause dans ce jugement...

La norme de justice s'applique aussi dans le cas de ce don particulier que constitue l'héritage [Gotman, 1988]. Le principe de l'égalité entre les héritiers est important. Il l'emporte en général sur celui de la proportionnalité (rapport entre rétribution et contribution de chacun) ou sur celui des besoins de chacun. Dans un réseau, une grand-mère a appliqué le principe de la proportionnalité et a distribué son héritage en fonction des « mérites » de chacun. Cette manière de faire n'est pas allée sans problèmes, et elle a suscité des commentaires très négatifs de la part des receveurs « non méritants » ainsi qu'une certaine culpabilité chez les héritiers « méritants ».

### *L'hospitalité*

L'hospitalité peut être de type « aide » (on héberge quelqu'un qui vient de se séparer ou qui déménage) ou de type « cadeau » (réception, fêtes). Elle engendre dans les réseaux de parenté une circulation importante de biens et de services dont l'étude est généralement négligée. Il est rare que rien ne circule lorsque deux personnes se rendent visite; au minimum, un café est offert... Globalement, on peut dire que les mêmes critères s'appliquent ici. S'il s'agit d'un service, on ne recourt pas à la norme de justice, mais à celle du besoin, de la disponibilité, de la liberté, comme nous l'avons vu plus haut. S'il s'agit de réceptions, de fêtes, d'invitations à dîner, la règle de l'alternance donateur-donataire (norme de justice relativement égalitaire) est présente. Mais plus le lien est fort, plus on tend à s'en éloigner, comme l'illustre l'extrait d'entretien suivant.

« Si ma petite sœur que j'adore venait manger chez moi le restant de sa vie et ne m'invitait jamais, parce qu'elle n'en a pas envie tout simplement par exemple, ce qui n'est pas vraiment le cas, ça ne me dérange pas, ça n'a pas à être remis, ça m'est remis, elle est là, je l'aime, je n'ai pas besoin qu'elle m'invite. Être quitte, c'est pas nécessairement... peut-être que je comprends mal la question, on l'est quitte, une fois elle vient parce qu'elle en a envie, mais peut-être qu'une autre fois, c'est moi qui ai envie qu'elle vienne, on est quitte, on s'est vus deux fois, selon son besoin et selon le mien, c'est pas de la bouffe, ça ne se calcule pas... »

En revanche, le même interlocuteur[2] raconte ainsi une visite chez sa belle-sœur, avec qui il a des problèmes (il juge qu'il s'est fait avoir à l'occasion d'un prêt) :

« Chez la sœur d'Hélène [sa belle-sœur], c'est plutôt moi qui ai fait à manger, je ne veux pas m'imposer. Ça m'a coûté 300 dollars, avec deux enfants; j'ai dépensé 300 dollars pour cette semaine-là parce que je ne veux pas de commentaires. J'arrivais avec mon enfant et l'enfant de ma conjointe, je sais qu'elle est la tante, mais j'ai apporté le dentifrice, du savon pour laver le linge, j'ai acheté la bouffe; pour moi, c'était très important de ne pas lui être redevable parce que je sais que ça me reviendrait, je suis prudent. »

Par ailleurs, comme pour la circulation des cadeaux, on observe ici aussi une tendance à prendre des distances par rapport à la règle, une tendance à l'excès lorsqu'il y a alternance [voir Pollay, 1987; Shurmer, 1971]. Au Québec, une vieille expression est utilisée à l'adresse des invités au moment de leur départ : « Ne comptez pas les tours, on n'aime pas sortir. » Dans cette expression s'affirme une norme générale d'égalité (de type alternance : compter les tours), et simultanément qu'elle ne s'applique pas au rapport en jeu à ce moment précis. Nous sommes là en présence d'un autre exemple du jeu avec la règle dans le don.

On peut donc conclure que globalement la norme de justice[3] est

2. Il s'agit précisément de celui qui admirait le sens de la justice dont sa mère faisait preuve dans le choix des cadeaux qu'elle destinait à ses petits-enfants. Nous citons de nouveau ses propos pour mettre en évidence le fait que les normes ne dépendent pas de la personnalité, mais du type de liens et de leur intensité.

3. Nous n'abordons pas ici la question de l'hypocrisie éventuellement sous-jacente à l'expression de ces normes — voir à ce sujet Godbout et Caillé [1992] et Boltanski [1990]. Nous reviendrons plus loin sur le sens de ces normes.

d'application limitée dans ces réseaux. L'idée de justice s'applique de façon secondaire (et souvent marginale) à la comparaison entre une contribution et une rétribution. Elle ne constitue un principe dominant qu'appliquée à une comparaison entre différentes rétributions pour une même contribution. Autrement dit, on ne l'applique pas entre un donneur et un receveur, mais entre donneurs, ou entre receveurs, d'une même personne ou d'une même institution.

Cette constatation est confirmée par des recherches quantitatives, où on s'aperçoit en effet que les situations où la norme de justice entre en ligne de compte sont du même type que celles que nous venons d'évoquer. Ainsi, les classiques études de Homans[4] sur la justice comparent les rétributions différentes d'ouvriers d'un même patron, soit une comparaison entre receveurs. De même, l'imposante recherche de Coenen-Huther, Kellerhals et Malik [1994] sur l'entraide montre que « deux personnes sur trois estiment que, si une aide importante doit être fournie à un parent âgé, elle doit être associée à une contrepartie » [p. 155] ; mais très peu de répondants (18 %) pensent que la compensation doit venir de ceux qui reçoivent l'aide (des parents), sous forme d'une part accrue de l'héritage par exemple ; ils considèrent plutôt que la compensation doit venir de l'État, ou des frères et sœurs, c'est-à-dire des autres donneurs réels ou potentiels de la famille [p. 156]. La norme de justice est donc appliquée ici encore aux différents donateurs d'un même donataire. En Angleterre, Finch et Mason [1993, p. 135] en arrivent à des conclusions similaires : « On peut logiquement penser que le devoir d'aider autrui autorise à compter sur l'aide d'autrui. Mais telle n'est pas l'opinion de nos répondants. Nos données montrent avec éclat qu'aux yeux de la plupart, c'est une erreur de s'attendre à recevoir de l'aide de la famille en cas de besoin, même en retour de services rendus, si l'on présume que cette aide viendra automatiquement [...] 83 % ont déclaré qu'il faut donner de son temps sans rien attendre en échange et seulement 13 % ont dit qu'il faut compter sur une contrepartie. »

La norme de justice ne domine donc pas la circulation des biens et des services entre un donneur et un receveur — ni sous

4. Voir à ce sujet Kellerhals *et alii* [1988].

la forme du principe d'égalité, ni sous celle du principe d'équité. On l'invoque le plus souvent en comparant les donneurs d'un même receveur et, surtout, les receveurs d'un même donneur. Tel est le champ d'application principal de la norme de justice dans les réseaux de parenté.

Nous pouvons donc émettre l'hypothèse que dans les réseaux de parenté, la norme de justice distributive concerne directement non pas le rapport contribution-rétribution (règle de la proportionnalité), mais la comparaison entre « pairs » (donateurs ou donataires) dans leur rapport à un tiers. Autrement dit, à l'intérieur du réseau, elle n'émerge que dans des sous-systèmes comportant ce que l'on pourrait appeler un centre de distribution.

## LA PARENTÉ TIENT LA RÉCIPROCITÉ À DISTANCE

Si ce n'est ni l'intérêt, ni la norme de justice, serait-ce « la norme de réciprocité » [Gouldner, 1960] qui régit la circulation des choses dans les réseaux de parenté ? Est-ce l'obligation de rendre qui est fondamentale, comme on l'a si souvent affirmé depuis Mauss, la littérature sur le don étant très centrée sur le problème de la réciprocité ? Sans échanger en vue d'un profit ou en recherchant l'équivalence immédiate, ou dans un esprit de justice, les partenaires ne s'attendent-ils pas à ce « qu'un service en attire un autre », comme dit le proverbe, et que les transactions s'équilibrent à plus ou moins long terme ?

Cette norme est certes beaucoup plus présente que celles que nous venons d'examiner. Mais ce qui nous a le plus étonné, c'est qu'elle est le plus souvent néanmoins secondaire. Illustrons-le par deux cas de figure : la transmission intergénérationnelle et les cadeaux de Noël.

### *La transmission intergénérationnelle*

L'examen de la transmission intergénérationnelle met bien en évidence cette distance prise par les membres des réseaux de parenté à l'égard du modèle de la réciprocité. Différentes recherches ont été faites pour analyser le jeu de la réciprocité entre les générations, par exemple sur l'importance que les parents accordent à l'aide que leurs enfants pourront leur fournir plus tard. On constate que ni la réciprocité à court terme, ni la réciprocité généralisée ne se manifestent de façon évidente, même si elles ne sont pas inexistantes. Et d'autres recherches montrent qu'on a toujours besoin de donner à ses enfants, même quand on est vieux. On ne se contente pas de récolter ce qu'on a semé... selon un modèle simple de réciprocité généralisée[5].

Mais, fait plus étonnant, si le *sens* des comportements est pris en compte, on se retrouve même parfois, par rapport à la réciprocité généralisée, devant un modèle en quelque sorte *inversé*. Nous avons vu que les parents ne souhaitent pas compter sur leurs enfants lorsqu'ils seront vieux, qu'ils ne veulent pas les déranger, être un fardeau pour eux. Mais inversement, les enfants, eux, souhaitent pouvoir les aider le plus possible et espèrent qu'ils accepteront. L'analyse de réseau a permis de constater qu'au moins un membre de chacun des réseaux rencontrés se dit prêt à accueillir les parents chez lui, ou à vivre très près d'eux. Il y a donc retour probable, mais non voulu par les éventuels bénéficiaires. Est-ce de la réciprocité généralisée ? Non, car dans la réciprocité généralisée, même si le retour s'étend sur des cycles très longs, l'idée du retour existe chez le donneur au moment où le don est fait. C'est le sens accordé au geste posé par le donneur : il donne à ses enfants (et d'abord, il a des enfants) parce qu'il sait que plus tard ils l'aideront — ou dans ce but. Or, nous constatons ici non seulement l'absence de désir de retour, mais une négation de cette espérance, ce qui ne signifie pas qu'il n'y aura pas retour puisque les enfants, eux, en manifestent l'intention.

On revient toujours à la nécessité d'interpréter le don selon le sens qu'il a pour les acteurs et non pas seulement selon l'observation de ce qui circule. Quand on tient compte de cette intention, on s'aperçoit que tout est fondé sur la volonté de donner — et notamment de transmettre — plus que sur celle de recevoir (même si on reçoit). Et on peut même aller jusqu'à dire que le plus grand don qu'une génération puisse faire aujourd'hui à celle qui l'a précédée, c'est de faire fructifier ce qu'elle-même a reçu (en faisant des études, de l'argent, des enfants, etc.). C'est donc de le transmettre à son tour, plutôt que de le lui rendre par des

5. Voir à ce sujet Stoller [1985], Walker, Pratt et Oppy [1992], Rynning [1989], Dwyer, Lee et Jankowski [1994].

services.

*Les cadeaux de Noël*

Concernant les cadeaux, c'est la fête de Noël qui se rapproche le plus d'un modèle de réciprocité restreinte, ce qu'exprime d'ailleurs l'expression courante « échange de cadeaux ». Mais si on tient compte de l'ensemble de ce qui circule à Noël, on constate que cela ne correspond pas à cette image courante. Cet échange de cadeaux ne s'applique en fait qu'à une faible partie de ce qui circule à Noël : les cadeaux horizontaux entre les membres de la fratrie de deuxième génération et les affins (beaux-frères, belles-sœurs, etc.) — et encore, le plus souvent à une partie seulement des cadeaux qui circulent entre eux. En fait la plus grande partie des cadeaux qui circulent à Noël sont intergénérationnels et non pas intragénérationnels. Ils sont dirigés surtout vers les enfants et ne sont pas régis par la réciprocité. L'ensemble de ce qui circule est donc en fait bien éloigné de la réciprocité.

*La réciprocité limitée*

Que conclure de ce bref examen des trois formes de don circulant dans la parenté, sinon que si la réciprocité y joue un rôle, elle est aussi continuellement déformée, restructurée par des principes qui s'en éloignent. Et que ces autres règles tendent à dominer le système de circulation des choses dans les réseaux familiaux. Cela signifie que dans tous les réseaux certains membres sont plutôt des donneurs nets et d'autres plutôt des receveurs nets[6] (*net givers* et *net receivers*, pour reprendre l'expression de Finch et Mason, 1993). — Et nous ne faisons pas référence ici aux cas où ce « déséquilibre » (par rapport à des normes d'équivalence ou d'égalité) pose un problème aux membres du réseau, mais uniquement à des cas où cette situation est considérée comme normale — donc à des cas où la non-réciprocité constitue une norme et ne menace donc pas l'équilibre des rapports entre les

---

6. Rappelons que nous n'arrivons pas à cette conclusion à la suite d'un calcul élaboré de ce qui circule de part et d'autre — entreprise impossible —, mais à partir de ce que les membres du réseau affirment concernant les autres membres (à partir de ce que Finch et Mason appellent la réputation de chacun dans le réseau).

# 2

# Au fondement du don, la dette

membres.

Si ce n'est ni la règle de l'équivalence marchande, ni la norme de justice qui fondent le don, ni même la norme de réciprocité qui, tout en étant présente, est d'application limitée, quelle norme peut donc bien régir le don dans la parenté ?

Au fil de nos observations, nous y avons déjà repéré différents principes actifs. Reprenons-les de manière plus systématique.

## De quelques principes de la circulation du don

### *Capacités, besoins, réputation*

Dans la circulation de l'aide, nous avons vu que les agents sont guidés par des principes tels que les besoins du receveur, les capacités du donneur, la réputation de chacun dans le réseau. Celui qui a besoin doit recevoir, qu'il soit capable ou non de rendre, et que sa situation soit temporaire ou permanente : telle est la principale règle qui explique la circulation de l'aide dans les réseaux, et qui efface quasiment la règle d'équivalence, et même celle de la réciprocité. Les réseaux ont horreur du vide. S'il y a un manque, le réseau a tendance à le combler, sans trop se soucier de savoir s'il y a réciprocité et encore moins équivalence, ce qui n'est pas sans avoir des conséquences à long terme sur la circulation dans le réseau, lorsque ses membres se sentent dans l'incapacité de vraiment combler ce vide. Mais, le plus souvent, ce mode de circulation est bien vécu. Nos résultats confirment d'ailleurs ce que Finch et Mason avaient aussi observé : il y a une sorte d'équilibre, mais *non réciproque* au sens où il ne se joue pas directement dans le rapport du donateur et du donataire. Les deux règles de la capacité et du besoin sont complémentaires, l'une s'adressant au donneur (la capacité) et l'autre au receveur (le besoin). Elles tendent à s'appliquer à tous les types de don, mais elles s'appliquent avec plus de force dans le don sous forme d'aide et de service.

### *L'excès*

Pour les cadeaux et l'hospitalité de type cadeau, la réciprocité est contournée, ou plutôt déjouée, par l'excès et le jeu avec les règles. Dans la circulation des cadeaux, il semble exister une métarègle qui consiste à donner plus que ce qui est défini par la règle énoncée par les acteurs eux-mêmes. Il y a un jeu avec la règle, ce qu'on pourrait appeler un « principe de l'excès », de la « dépense » (Bataille), bien connu d'ailleurs dans la littérature sur le don, notamment avec le phénomène du *potlatch* longuement commenté par Marcel Mauss, et que nous retrouvons ici à une échelle plus réduite. La signification de ce jeu avec les règles est multidimensionnelle, mais un aspect est omniprésent : le jeu avec la règle sert à personnaliser la relation, à rendre unique le lien entre le donateur et le donataire, à montrer que le geste n'est pas fait pour obéir à une règle, mais pour lui, au nom d'un lien personnel. C'est pour la même raison qu'un autre principe se révèle également très important et s'applique à tous les types de don : celui de la liberté.

### *La liberté*

Nous avons vu que la liberté est une valeur essentielle dans la circulation du don dans les réseaux. Nous avons vu aussi que cette liberté est en partie favorisée par la présence de l'État et du marché qui libèrent les membres de la famille de certaines tâches.

En ce sens, on voit à quel point il est délicat, avec la crise de l'État-providence, de penser pouvoir rebasculer sur les familles des fonctions que l'État assume actuellement. On ne peut le faire sans tenir compte des principes de fonctionnement des réseaux de parenté qui sont différents de ceux de l'État et du marché.

Ayant longtemps analysé des organisations dans le cadre de la sociologie des organisations, j'ai été frappé par l'importance accordée à cette valeur de la liberté dans les réseaux de parenté. En sociologie, dans le cadre notamment de l'analyse stratégique, on considère que chaque acteur, pour accroître son pouvoir et son contrôle sur l'organisation, essaie de réduire ce qu'on appelle sa « zone d'incertitude ». Pour un sociologue comme Michel Crozier, l'homme est doté d'un « instinct stratégique » qui le pousse à réduire les incertitudes dans les situations d'interaction afin d'accroître son pouvoir [Friedberg, 1993, p. 210]. Or l'observation de la circulation du don dans les rapports de parenté nous conduit à croire qu'il est aussi doté de ce que l'on pourrait appeler un « instinct de donner » qui le porte alors, dans certaines relations sociales, non pas à réduire, mais au contraire à créer et à maintenir des zones d'incertitude entre lui et autrui, pour accroître la valeur des liens sociaux qui lui tiennent à cœur.

L'acteur stratégique vise à réduire les incertitudes afin de gagner. Le rapport de don est différent. L'acteur y vise non pas à limiter la liberté des autres, mais à l'accroître, car elle constitue un préalable incontournable à la valorisation de son geste. Nous disons qu'il tend à accroître l'incertitude parce qu'il tend à réduire en permanence chez l'autre tout sentiment d'obligation, même si les obligations sont toujours présentes par ailleurs; il tend à s'y soustraire, d'où la propension à l'excès. B. Karsenti [1994, p. 41] exprime bien cette idée de façon métaphorique : « La manière dont l'individu est obligé dans le régime du don ne correspond nullement à l'obéissance à une règle, ou à une pluralité de règles fixées au préalable, mais simplement au fait qu'il entre dans un cycle — à la manière dont on entre dans une danse —, qu'il prend place en lui et se trouve emporté dans la dynamique qui l'anime. » Dans la parenté, ce rythme, cette danse, c'est le cycle de vie et la succession des générations, qui règlent fondamentalement la circulation des biens et des services entre les différents membres — de manière à la fois libre et obligatoire, répétait Mauss dans son *Essai sur le don.*

L'acteur d'un système de don tend à maintenir le système dans un état d'incertitude structurelle pour permettre à la confiance de se manifester. Car si le système est certain, ou si l'intérêt suffit pour en rendre compte, la confiance est redondante, comme le montre Orléan [1994]. C'est pourquoi les normes, quelles qu'elles soient (justice, égalité, etc.), doivent continuellement être transgressées, changées, dépassées. Il faut que se produise quelque chose de non prévu dans ce qui est obligatoire, ou alors que l'obligation ne soit pas vécue comme une contrainte et existe seulement comme une « loi » constatée par le chercheur, une loi au strict sens statistique non au sens moral [Caplow, 1984]. La norme est au fond de transgresser la norme. On comprend dès lors l'un des comportements de don le plus étrange qui soit à première vue : la négation de l'importance du don par le donateur. Mauss observe en effet que, dans le *kula,* « on donne comme si ce n'était rien » [Karsenti, 1994, p. 28]. « Le donneur montre une modestie exagérée », dit Mauss. Mais point n'est besoin d'aller aussi loin. Nos formules de politesse ont le même sens : de rien, *di niente*, *de nada*, *my pleasure*, assurent les donateurs. De cette manière, ils diminuent l'obligation de rendre et rendent le retour incertain. Ils rendent l'autre libre de donner à son tour. Comme l'a si bien remarqué C. Lefort [1951, p. 1415], « on ne donne pas pour recevoir; on donne pour que l'autre donne ». Ainsi, le geste du don exprime les deux composantes irréductibles et apparemment inconciliables du lien social : liberté et obligation, autonomie et indépendance, individualisme et appartenance. Si le lien est minimal, on tendra vers une circulation minimale et immédiate, sans dette. Et inversement.

## PROBLÈMES POSÉS PAR CES PRINCIPES

Tous ces principes énoncés comme des normes par les membres des réseaux n'excluent pas la présence d'autres règles, dont certaines peuvent entrer en tension avec eux. Chacun sait par expérience qu'il nous arrive de calculer sans le dire aux autres, et même sans se le dire…, et qu'il y a un jeu subtil entre ces différents principes. Mais par ailleurs, ces principes en eux-mêmes ne sont pas sans déboucher potentiellement sur des problèmes. Présentons brièvement trois d'entre eux : l'un est lié à la liberté, l'autre à l'excès, et le troisième au faible degré de réciprocité.

### *La liberté : don et dû*

Même si l'État et le marché ont pris en charge une partie des rôles dévolus auparavant à la parenté, il n'en demeure pas moins qu'un ensemble de tâches essentielles doivent être nécessairement accomplies par les membres des réseaux de parenté. Ce qui *doit* être fait peut facilement entrer en contradiction avec le principe de la liberté et engendrer des problèmes importants. Comment cette contradiction est-elle vécue ? À ce sujet, les interviewés font une distinction à laquelle ils accordent beaucoup d'importance entre *le don et le dû.* Tous tiennent à préciser que le dû est différent du don. Un certain nombre de choses circulent non pas pour obtenir plus, ou pour faire plaisir au receveur, mais aussi parce qu'il faut le faire en vertu de conventions, de rôles (sexuels, parentaux...), de traditions. Non seulement ce principe est différent du don, mais il est également jugé inférieur au don, inférieur à ce que les interviewés appellent le « vrai don », celui qui s'éloigne non seulement de l'esprit marchand, mais également du devoir ou de la convention sociale. À cet égard, on a pu constater que le dû qui découle de la convention sociale est, de manière étonnante, beaucoup plus présent dans les rapports de travail que dans la parenté. En revanche, le dû relevant des rôles parentaux est très exigeant. On pense évidemment, par exemple, à la division des tâches entre le père et la mère. Ici, ce qui est dû fait l'objet de négociations, de discussions, alors que le don arrive de surcroît. Cependant la frontière entre les deux domaines est non seulement variable, mais floue. Et le principal problème porte ici sur ce que chaque partenaire considère comme dû et comme don [Hochschild, 1989].

On doit donc retenir que l'on ne peut pas appliquer les principes décrits plus haut à ce qui circule comme un dû. Dans ce cadre, les principes d'égalité et la norme de justice sont beaucoup plus prégnants. Les problèmes se posent surtout lorsque les partenaires n'ont pas la même définition de ce qui relève du dû (et est obligatoire) et de ce qui est du domaine du don (et est libre). Le fait que le donneur et le receveur accordent un sens différent au même geste est fréquent et constitue une source importante de problèmes, comme l'a bien montré Hochschild dans son analyse des rapports de couple. « Il pense que tout lui est dû », entend-on souvent. Quand on pense que l'on a donné plus qu'on n'a reçu, on a facilement tendance à en déduire que tout nous est dû, et on n'est plus dans un rapport de don.

*L'excès non contrôlé*

Le deuxième problème est le suivant : comment le nécessaire excès essentiel au don (surtout dans les cadeaux et l'hospitalité) ne conduit-il pas en définitive à la destruction et aussi à l'incapacité progressive des membres à jouer un jeu qui coûte de plus en plus cher ? Shurmer [1971, p. 1242] fait à ce sujet un intéressant parallèle entre le don dans les sociétés archaïques et le rituel moderne du café chez des femmes américaines :

« Chez les Melpa de Nouvelle-Guinée, un échange cérémoniel oblige à rendre plus de cochons et de coquillages qu'on n'en a reçu. Rendre moins est à la fois insultant pour le receveur et dévalorisant pour le donneur. Ce rituel est très semblable au cycle du café matinal dans nos sociétés. Les femmes ne se contentent pas de se recevoir chacune à leur tour. Elles en font plus. Certaines femmes appartenant à ces groupes en arrivent à une situation où leur habileté culinaire, leur imagination ou leurs ressources financières ne leur permettent plus d'offrir des pâtisseries de luxe ou des cafés exotiques. Elles se retirent alors du groupe en déclarant qu'il est devenu trop compétitif ; ou encore les membres du groupe s'imposent un seuil à ne pas dépasser, en se limitant par exemple à l'offre de sandwichs et de biscuits. »

On voit dans cet exemple que la transgression des règles a des limites. Elles sont transgressées jusqu'à ce qu'elles ne soient plus transgressables sans éliminer des joueurs ; et alors de nouvelles règles sont définies, règles qui ramènent le système à la case départ, règles qui seront sans doute à leur tour progressivement transgressées. Le système est cyclique : on enfreint les règles jusqu'à ce que ce comportement menace les rapports entre les membres, ce qui conduit à édicter à nouveau des règles, et ainsi de suite. Ce qui n'empêche pas par ailleurs que les membres ayant plus de ressources puissent offrir plus, être des *net givers* et d'autres des *net receivers* ce qui est probablement plus facile dans les réseaux de parenté que dans les réseaux horizontaux (amitié) de la bourgeoisie américaine : la dimension de rivalité (agonistique — voir plus loin) est sans doute plus présente dans ce dernier cas, alors qu'elle est secondaire dans la parenté.

### *La domination et la réciprocité*

Pour les dons de type « cadeau », le jeu avec les règles peut donc parvenir à circonscrire les dangers inhérents à la spirale de l'excès du don. Mais il est insuffisant. Car dans le cas de l'aide, comment le système empêche-t-il que celui que nous avons appelé le « receveur net » ne se sente en permanence humilié, que le donneur unilatéral n'abuse de sa puissance ou au contraire ne se sente exploité par le réseau ? Ce qui se produit d'ailleurs... Mais lorsque cela ne se produit pas, lorsque la non-réciprocité est considérée comme normale et va de soi pour les membres du réseau, comment évitent-ils ces différents écueils — destruction, exclusion progressive des membres, exploitation, domination, humiliation et autres effets pervers de « l'échange inégal » si souvent pointés du doigt par les analystes du don ? Ainsi J.-L. Boilleau [1995] a montré qu'un modèle agonistique du don doit nécessairement être fondé sur la réciprocité. « La réciprocité est capitale [...] Par la grâce de la réciprocité, [les rivaux] sont préservés de toute domination. La réciprocité annihile les risques de domination » [p. 155, 191-193]. Or nous constatons l'existence de réseaux sociaux à la fois sans domination *et* sans réciprocité ou, pour le dire plus prudemment, où l'absence de la norme de réciprocité comme principe dominant n'entraîne pas pour autant des rapports de domination.

Comment est-ce possible ?

## UNE SOLUTION : LA DETTE MUTUELLE POSITIVE

Pour tenter de comprendre comment cela est possible, examinons les discours des personnes rencontrées sur ce thème de la dette, de l'obligation de rendre, de l'importance d'être quitte, et la façon dont se vit la dette dans les rapports de don au sein de la parenté.

*Les discours sur la dette*

On constate d'abord que les interviewés éprouvent une certaine difficulté à répondre à cette question. Si le refus du calcul est évident et sans ambiguïté, le thème de la dette, en revanche, est un des thèmes les plus difficiles pour eux, et suscite des commentaires ambigus, voire paradoxaux ou même contradictoires, et des réflexions étonnantes. En voici quelques illustrations :

> « Je parlais de mon frère tout à l'heure. Je peux dire que je lui dois beaucoup, mais ça n'a aucun effet. Je ne ressens aucune dette ; je lui dois beaucoup dans le sens que pour moi, ça a une valeur ; ça a vraiment de l'importance ; mais l'effet sur [moi] dans le sens où je me sens en dette, non… »
>
> « Je vais voir ma mère parce que c'est ma mère et que ça fait partie de mon monde, de la croyance en la conservation de qui on est d'aller la voir et de l'appeler, mais c'est pas parce que je lui dois, c'est parce que je dois, je ne lui dois pas, je veux, donc je dois. »

Cette même personne ajoutera ensuite :

> « La seule personne avec laquelle j'ai une "dette" — ça représente pour moi me sentir mal —, la seule personne à l'égard de qui je me sens mal, c'est mon ex-femme… Elle joue le rôle de la femme abandonnée, et je me sens coupable, je me sens responsable, alors que je ne le suis pas, j'ai fait de mon mieux… »
>
> « En dette ? Non, non, c'est pas un sentiment que… non… je me sentirais très reconnaissante… je réalise qu'on m'a gâtée beaucoup, oui, énormément gâtée ; mais en dette comme telle, non. Je suppose qu'on se sent en dette quand… on te donne mais en même temps, on te fait sentir que tu devrais redonner et que tu ne redonnes pas. »

*Interprétation*

Nous avons tenté de comprendre le sens de ces propos qu'on retrouve chez de nombreux interviewés. La plupart d'entre eux éprouvent une certaine difficulté à parler de la dette. Mais si on distingue les deux sens du mot « dette » — que ces citations font bien ressortir : le sens courant du mot dette aujourd'hui (la dette économique) et ce qu'on pourrait appeler la dette de don, ou dette de reconnaissance —, leur discours est étonnamment similaire, et clair.

Notons d'abord qu'au-delà de l'ambiguïté, il y a cette unanimité à dire « je dois mais je ne suis pas en dette ». Comment interpréter cette affirmation ? De toute évidence, les personnes interrogées, en s'exprimant ainsi, essaient de distinguer les deux sens de « devoir » et de « dette » : reconnaître avoir reçu d'une part, ressentir un sentiment, une obligation de rendre (comme dans un rapport contractuel) d'autre part. Dans le cadre du don, elles acceptent avec une belle unanimité le premier sens, mais rejettent le second. Dans certains cas précis, elles ont beaucoup reçu sans pour autant être en dette, et c'est ce qu'elles expriment très clairement en distinguant deux dimensions de la dette qui, habituellement, vont ensemble : quand on doit, on est en dette, et on doit rembourser — sur le modèle du rapport marchand.

Elles tiennent toutes à prendre leurs distances avec cette interprétation de la dette, tout en admettant être en dette dans un autre sens : celui d'avoir reçu, sans pour autant avoir contracté l'obligation de rendre, mais tout en ayant le désir de donner (la reconnaissance). Ce n'est pas simple, mais c'est ce qu'ils expriment tour à tour : l'idée de *la dette comme valeur positive*, comme « joie », parce que le don a été fait « de bon cœur ». Qui s'oppose à la dette négative — quand « on se sent mal », dit un interviewé. Les personnes interrogées identifient ce qu'on pourrait appeler une *dette positive,* celle qui n'est pas vécue comme dette (à rembourser), mais comme reconnaissance : on reconnaît avoir reçu beaucoup sans pour autant ressentir une obligation, mais plutôt un désir de donner.

### *La dette positive*

Au-delà de l'excès, et comme alternative à la destruction et aux rapports de domination et d'exploitation que l'excès est susceptible d'entraîner, il y a donc une autre voie possible que celles de la réciprocité ou du contrôle par le jeu avec les règles qu'on a examinées plus haut. Il y a ce fait que la relation peut devenir un rapport de dette positive, souvent mutuelle.

La dette mutuelle positive est parfois exprimée comme telle dans les entretiens, même si c'est peu fréquent. Ainsi :

> « Lui [le conjoint] il a toujours l'impression que j'en fais plus que lui, et moi j'ai toujours l'impression que lui en fait plus que

moi [....] je pense qu'on apprécie ce que les deux font. »

La séquence suivante montre comment on passe d'un état problématique de dette à celui de dette mutuelle positive. C'est autour des activités matinales qu'une situation potentiellement conflictuelle s'est progressivement mise en place dans ce couple. Voici comment elle s'est résolue, telle que racontée par elle et par lui.

> Elle : « Je trouvais qu'il y avait un déséquilibre, parce que le matin je me levais toujours... je faisais le petit déjeuner et le lunch de notre fille, et lui, il n'était pas capable de se lever le matin... Après de multiples discussions, on a fini par trouver une façon d'équilibrer. Ce qui fait que moi, je ne me considère plus comme lésée. C'est lui qui fait le lunch de notre fille, la veille au soir. Et il fait le mien en plus, c'est formidable ! C'est trivial, mais ses lunchs, c'est vraiment sophistiqué, c'est plus que ce que je faisais. Tout le monde m'envie au bureau. »
>
> Lui : « On a même trouvé un truc cette année... qui est super, moi j'ai horreur d'avoir à me lever le matin, j'ai surtout horreur d'être pressé. Alors on a convenu, je ne sais pas trop comment on en est arrivé à trouver ça, mais ça nous satisfait beaucoup tous les deux, moi je fais les lunchs, mais je les fais le soir, avant de me coucher; là ça me permet de faire des beaux lunchs, plus élaborés que tu ne peux faire le matin, et le matin, je suis sans responsabilité autre que celle de m'occuper de moi-même; ça fait l'affaire de tout le monde. Mais concrètement elle en fait plus que moi, parce qu'elle fait beaucoup plus de soupers... Elle est bien contente des lunchs, mais moi je trouve que c'est bien moins compliqué de faire le lunch que de faire le repas, en tout cas pour moi c'est moins compliqué. »

L'intérêt de ce cas ne se situe pas seulement dans la résolution du conflit, mais dans l'attitude de chacun des conjoints face à cette solution. Le nouvel arrangement constitue un élément caractéristique d'un état de dette positif : celle qui profite des lunchs qu'elle n'a pas à préparer est enthousiasmée par la qualité de ces derniers et considère que c'est beaucoup plus que ce qu'elle attendait — et que ce qu'elle faisait elle-même antérieurement; celui qui les fait dit que c'est bien peu par rapport à ce que sa conjointe fait par ailleurs. Les deux reçoivent plus qu'ils ne donnent.

Après un processus de négociation fondé sur le principe de l'équivalence (domaine du *dû*), le résultat est un rapport de dette mutuelle positif qui échappe à l'équivalence et fait que chacun considère qu'il reçoit plus qu'il ne donne, notamment parce que l'un des partenaires en fait plus que ce que la négociation exigeait. C'est une belle illustration du jeu sophistiqué entre les différents modèles de circulation des biens et des services.

La dette positive existe lorsque le receveur ne perçoit pas chez le donneur l'intention de l'endetter par son geste — ce qui est étroitement lié au plaisir d'être en dette, élément essentiel de l'état de dette positif. Ou encore lorsque le donneur a déjà reçu dans le plaisir du receveur (Sénèque). Cette dette est vécue non comme un fardeau, mais comme un privilège, une chance.

### *La dette négative*

La réciprocité limitée conduit à prendre au sérieux le discours des interviewés sur la dette, à chercher à le comprendre et à suggérer qu'il contient deux dimensions contradictoires qui, une fois isolées, permettent d'interpréter de façon beaucoup plus claire leur discours. Différents auteurs reconnaissent cet état de dette ; mais il est vu souvent négativement seulement, tel qu'il se présente dans le modèle marchand de l'équivalence. Dans ce cadre, la dette est, presque par définition, négative au sens où c'est quelque chose dont il faut se libérer. « Dans ce jeu infini de la circulation d'équivalences, être un individu revient à ne rien devoir à personne » [Berthoud, 1994, p. 53]. La liberté moderne est essentiellement *l'absence de dette*. « Le couple constitué par l'individualisme et l'économie néoclassique essaie de fonder l'éthique du comportement de l'homme n'ayant aucune dette envers quiconque. C'est ce qui fonde la revendication de cette théorie d'être reconnue comme le discours de la liberté » [Insel, 1994, p. 88]. Il ne s'agit pas de nier l'existence et l'importance de ce phénomène de la dette négative, mais d'affirmer qu'il n'épuise pas la notion de dette parce qu'il existe aussi un état de dette positif.

### *Le don et la dette mutuelle positive*

Rappelons d'abord que dans la parenté, la réciprocité est présente dans les faits et aussi comme norme de référence, à la différence de l'échange marchand qui est rejeté comme norme. Mais on a vu qu'elle est souvent limitée et semble souvent là pour être transgressée par d'autres principes : besoins, capacités, réputation, liberté, excès. Lorsque ces principes prennent le dessus, on dira que c'est le don qui domine la circulation des choses. Mais qu'est-ce donc que ce système de don ? La gratuité, au sens d'absence de retour? Non. Car dans les faits, le retour est souvent plus grand que le don. Pour résumer ce qui vient d'être dit, on pourrait définir le don comme un système dans lequel le « rendre » se dissout comme principe au point que, à la limite, on ne rend plus, on donne seulement — ou, au contraire, on est toujours en train de rendre, l'important étant ici que la *différence entre rendre et donner s'estompe et n'est plus significative. On pourrait poser que l'état de dette positif émerge lorsque le receveur, au lieu de rendre, commence à donner à son tour*[1]. On passe de l'obligation de rendre au désir de donner.

Lorsque ce principe devient dominant entre deux agents, on a affaire à un rapport de don, ce qui ne veut pas dire que les autres principes (réciprocité, justice…) cessent pour autant d'être actifs. C'est le jeu simultané de ces différents principes qui spécifie avec le temps, pour chaque réseau auquel nous appartenons, ce qui est dû et ce qui est don, ce qu'il est légitime d'attendre, ce qui à la limite peut même être demandé, et aussi ce qu'il n'est pas légitime de demander, et ce qui arrive en plus, comme un don.

Plus l'état de dette positif prend de l'importance, moins il est possible d'identifier dans une relation qui est débiteur et qui est créditeur. Chacun a tendance à croire qu'il doit, mais cela ne

---

1. On en arrive à des paradoxes, comme chez Derrida [1991] : si Derrida croit le don impossible, c'est parce qu'il conserve dans sa vision du don un élément essentiel du modèle économiste, dans le moment du « rendre ». Il en parle toujours comme constituant une restitution, un remboursement, un acquittement [p. 25 *sq.*, mais aussi ailleurs], pour en conclure ensuite que ce n'est pas un don, ce que font aussi les économistes à leur manière pour nier l'existence du don. Jamais il ne reconnaît que dans le don, rendre est aussi un don et ne peut donc pas être concu comme un acquittement, une restitution. Ce n'est que lorsqu'on a reconnu cela qu'on peut commencer à essayer de penser le don sans retomber dans le modèle marchand. Or, me semble-t-il, Derrida ne le reconnaît clairement nulle part. (Voir surtout p. 26-27, son « point de départ », dont on pourrait reprendre presque chaque affirmation en ce sens.) Et si on tient compte de cette dimension, et aussi de l'implicite, notion qu'il n'utilise pas, on peut en arriver à penser non pas « qu'il n'y a plus de don dès que l'autre reçoit » [p. 27] mais dès que l'autre *rend* au lieu de *donner à son tour.*

le gêne nullement et il n'a pas envie d'être quitte. Ce n'est plus une préoccupation. Des auteurs — dont des spécialistes de la famille — expriment peu ou prou cette idée : « Les intéressés sont incapables de savoir à un moment donné et surtout dans le cours du temps s'ils sont créanciers ou débiteurs » [Pitrou, 1992, p. 232]. J. Piaget écrit [1977, p. 110] : « [...] on ne réclame jamais tout son dû et on ne paye jamais toutes ses dettes : la circulation des valeurs sociales repose au contraire sur un vaste crédit, perpétuellement entretenu, ou plutôt constamment effrité par l'usure et l'oubli mais constamment reconstitué. » Et Gouldner[2], dans son article célèbre sur la réciprocité [1960], parle de l'existence de « mécanismes qui amènent les gens à *rester* en dette et les *empêchent* de rendre tout ce qu'ils doivent » [p. 175 — souligné par lui].

Autrement dit, on n'est jamais quitte, on est perpétuellement en état de dette, mais on n'essaie pas de s'en acquitter. Telle est l'idée essentielle de la dette mutuelle positive. C'est un état de confiance mutuelle qui autorise un état de dette sans culpabilité, sans inquiétude, sans angoisse. Cet état se reconnaît au fait que la dette devient libre : on est en dette *et* libre. L'état de dette face au partenaire n'est plus redouté, il est au contraire valorisé.

La majorité de nos relations de don ne se situent évidemment pas seulement et en permanence dans cet état. Il y a constamment passage d'un état à l'autre avec la même personne, et les rapports de don se situent le plus souvent quelque part entre ces deux types que constituent la réciprocité d'une part, l'état de dette d'autre part. L'état de dette mutuelle positive est le plus souvent un horizon, ou un état qui peut parfois être atteint, précieux mais toujours fragile. Ainsi la relation de couple peut commencer par un stade quasi marchand d'échange réciproque et progresser vers un état de dette mutuelle positive. Mais elle peut également commencer par un état de dette mutuelle intense, et évoluer vers les autres stades.

Sans nier l'importance des autres principes, nous considérons donc qu'il est nécessaire d'ajouter cette notion d'état positif de dette pour rendre compte du sens des systèmes de circulation des

2. Voir aussi à ce sujet Finch et Mason [1993, p. 55], Belk et Coon [1993, p. 403], Latouche [1993, p. 124].

choses dans les réseaux de parenté. Autrement dit, pour comprendre le sens de ce qui circule, nous avons besoin, en plus de la distinction entre don et dû, en plus des normes de justice et de réciprocité et de principes tels que l'excès, d'ajouter ce principe de la dette positive et de voir comment elle s'articule aux autres.

C'est pour nous le principal résultat de cette recherche sur le don dans la parenté, tant au niveau théorique qu'au plan pratique. Car ce type de relation n'est pas souvent pris en compte dans la théorie sociologique. Et dans la pratique sociale, les intervenants sociaux apprennent-ils à tenir compte de la capacité de don des réseaux de parenté auprès desquels ils interviennent ? Sont-ils assez soucieux de la nécessité de tout faire pour accroître cette capacité, notamment lorsque leur action concerne les enfants ? Il est pourtant évident que l'importance de l'aide et du soutien que les personnes en difficulté — les « clients » des intervenants sociaux — pourront obtenir de leur réseau de parenté dépend des caractéristiques et de l'intensité de la circulation du don dans ce réseau[3].

Autant pour mieux comprendre la dynamique des réseaux de parenté que pour mieux intervenir, il devient de plus en plus indispensable d'étudier la circulation du don dans la société.

3. Sur ce point, voir Johanne Charbonneau [1997].

# 3

# De quelques objections à la thèse de la dette positive[1]...

Certaines objections peuvent être formulées à cette conception du rapport de don comme une relation qui tend vers l'état de dette positif, dont les membres se perçoivent comme recevant plus qu'ils ne donnent et sont continuellement en train de rendre sans jamais être quittes — ne rendant pas pour être quittes ni même pour assurer l'alternance, mais pour répondre aux besoins de l'autre, sans pour autant être purement altruistes, car chacun sait bien que les choses circulent et vont revenir si nécessaire parce que chacun a confiance.

## DETTE POSITIVE *VERSUS* SCHÉMA DE L'ÉVOLUTION INDIVIDUELLE ET RÉCIPROCITÉ EXCESSIVE

Une première objection tient à la conception courante de l'évolution individuelle normale : de la naissance à la maturité, on passe du statut de donataire à celui de donateur, et l'état normal, « mature », du don serait donc celui où on donne plus que l'on ne reçoit et non l'inverse. Ce schéma habituel inclut les stades suivants :

— on commence par recevoir, par n'être que receveur — et d'abord, à la naissance, on reçoit la vie ;

1. Ce chapitre doit beaucoup à des discussions que j'ai eues avec Françoise Bloch à Montréal en 1994.

— puis on commence à donner;

— puis on donne plus que l'on n'a reçu, et notamment on donne à ses enfants ce que l'on a reçu, et même ce que l'on n'a pas reçu et qui nous a manqué.

Dans ce modèle, l'idée que l'on reçoit plus que l'on ne donne renvoie à des sujets immatures, demeurés au premier ou au deuxième stade du don, et non pas à un état vers lequel les membres d'un système de don pourraient tendre.

Une deuxième objection possible concerne la dynamique du don elle-même, par opposition à celle du marché : rendre plus que l'on n'a reçu. Tous les grands auteurs classiques insistent sur cette caractéristique, de Sénèque à Mauss en passant par saint Thomas. La situation normale du don serait donc : on donne plus qu'on ne reçoit et non pas l'inverse. Le principe de la dette mutuelle positive (*i.e.* où l'on reçoit plus qu'on ne donne) irait donc à l'encontre d'une des règles fondamentales de la circulation du don. Dans ce contexte, dire que l'on reçoit plus que l'on ne donne doit nécessairement conduire à vouloir rendre plus qu'on n'a reçu, dans le cadre d'une règle de réciprocité excessive bien décrite par Boilleau, pour qui, comme nous le disions plus haut, « la réciprocité est capitale. Par la grâce de la réciprocité, les adversaires préservent les personnes de toute domination » [Boilleau, 1995, p. 193]. Sinon, le don reçu débouche sur un état de culpabilité ou de domination, et doit être considéré comme une *perversion du don*. Ainsi envisagé, il est vrai que le principe de la dette mutuelle positive entre en contradiction avec la règle très importante qui consiste à donner plus que l'on ne reçoit.

Comment résoudre cette contradiction et répondre à cette objection issue du modèle de l'évolution individuelle normale? En ce qui concerne cette dernière, on peut penser que la notion d'état de dette mutuelle positive ne s'applique pas à l'évolution individuelle, mais *à la relation*. Quant à la contradiction entre la règle qui prescrit de rendre plus et l'état de dette mutuelle positive, on peut faire l'hypothèse que cette dernière ne s'applique pas à une séquence déterminée de don/contre-don, mais plutôt à un état de la relation qui dépasse la transaction immédiate. Autrement dit, il faut peut-être distinguer les *séquences* (la temporalité) de l'*état* des personnes. Le passage à l'état de dette serait alors une sorte de dépassement de la temporalité linéaire.

Explicitons ces idées en commençant par le principe selon lequel il faut rendre plus qu'on n'a reçu, et envisageons d'abord le cas du don réciproque (A <—> B), avant d'aborder celui de la transmission (A —> B —> C).

Dans une séquence donnée, avec un début et une fin — la plupart du temps arbitrairement découpée pour les nécessités de l'observation —, A reçoit quelque chose de B, et B lui donne ensuite quelque chose en plus, et ainsi de suite. C'est le modèle de l'alternance et de la réversibilité, dans lequel chacun est à son tour donateur et donataire. Mais si cette séquence est projetée sur le long terme, elle conduit à une contradiction qui n'est autre que celle du *potlach* : si chacun donne plus à chaque fois, à chaque séquence, cela devient de plus en plus énorme, infini, impossible, et conduit à la destruction systématique. Comment éviter cela ou comment résoudre cette nouvelle contradiction, inhérente cette fois à la règle de donner plus qu'on n'a reçu ?

Une façon d'y arriver, c'est précisément de supposer que les deux partenaires finissent par atteindre un état où ils considèrent avoir tellement reçu de l'autre qu'ils ne pourront jamais vraiment rendre, et que même si, dans une séquence précise quelconque, ils donnent plus que ce qu'ils considèrent avoir reçu, de toute façon c'est moins que ce qu'ils ont globalement reçu de l'autre. « Je lui dois tellement », disent-ils. L'état de dette mutuelle positive serait donc une façon de dépasser la contradiction inhérente au modèle du don réciproque agonistique décrit par J.-L. Boilleau. Les partenaires cessent de rendre plus à chaque « tour » et atteignent un autre état[2]. Cet état peut être vu comme l'un des stades d'un modèle différent de celui de l'évolution individuelle de l'enfant vers l'âge adulte.

## L'inscription de la dette positive dans un modèle relationnel des états

En effet, parallèlement à ce modèle basé sur la chronologie *individuelle*, où l'on passe de l'état de receveur à celui de donneur,

2. Cet état se rapproche de l'état de ceux que Boilleau nomment les « Paisibles », catégorie qu'il élabore peu parce qu'il centre tout son modèle sur le don agonistique et donc sur la réciprocité.

de donataire à donateur, il y a un modèle *relationnel* qui distingue trois états possibles de la relation : 1) celui où les partenaires pensent qu'ils donnent plus que ce qu'ils reçoivent; 2) celui de la réversibilité des positions, où les statuts de donneur et de receveur alternent; 3) celui où les partenaires reçoivent plus qu'ils ne donnent.

Illustrons ces trois états avec l'exemple simple d'un dialogue imaginaire, mais bien ancré dans les réalités : celui d'un couple à propos des tâches domestiques.

1. Les deux considèrent avoir plus donné que reçu. La structure du dialogue est la suivante :

« C'est à toi de faire la vaisselle.

— Pas du tout. C'est toujours moi qui la fais; encore hier, justement...

— Hier peut-être, mais en général c'est toujours moi.

— Oui mais moi, je fais autre chose, etc. »

Les deux considèrent en faire plus que l'autre, donner plus qu'ils ne reçoivent. Ils sont en état de *dette mutuelle négative*, ou encore en réversibilité négative des positions. On entend aussi souvent dire : « Il pense que tout lui est dû ». Il s'agit de l'expression extrême d'une relation dans laquelle on pense avoir donné plus qu'on n'a reçu.

2. *Réversibilité positive, ou alternance des positions*. L'alternance des positions peut s'illustrer par le dialogue suivant :

« Je crois que c'est à toi de faire la vaisselle.

— Oui, tu as raison ». »

C'est un dialogue rarement entendu dans les faits, car cette réversibilité fonctionne plutôt à l'implicite (et non à l'inconscient). Mais c'est le modèle sous-jacent, la façon dont ce cas de figure serait exprimé s'il devait l'être.

3. Enfin la *dette mutuelle positive* prend la forme du dialogue suivant :

« Laisse, je vais faire la vaisselle, tu l'as encore faite hier.

— Pas question, c'est toujours toi qui la fais, et puis de toute façon tu t'occupes tellement d'autres choses, laisse-moi au moins faire cela.

— Mais non, qu'est-ce que tu racontes? »

Dans cet état, chacun s'éloigne de la dette non seulement au sens économique (dette qui se règle en remboursant pour être quitte), mais aussi au sens psychologique, lequel constitue également un problème qui se réglera au moment où on devient quitte. On s'en éloigne même au sens habituel de la théorie du don appliquée à des séquences dans lesquelles est rendu alternativement plus que ce qui est reçu, ce qui fait changer les positions. Atteindre l'état de dette conduit à sortir de la logique des positions alternées et à accéder à un autre stade, le stade le plus éloigné de la réciprocité.

Raisonnant à partir du modèle de l'échange marchand, on serait donc en présence de trois cas de figure :

1) la *réciprocité*, tendant vers l'*équivalence*;

2) *l'alternance des positions* de donneur et de receveur où la règle est de rendre plus que l'on ne reçoit. C'est le modèle le plus courant. Mais il y a également un jeu constant avec ce modèle de l'alternance; même lorsqu'il est présent, il y a une prise de distance vis-à-vis du modèle. « Ne comptez pas les tours, on n'aime pas sortir », disent les Québécois aux amis qu'ils viennent de recevoir et qui sont sur le départ. Qu'expriment-ils ainsi? Qu'il y a une règle de l'alternance dans l'hospitalité (compter les tours). Mais qu'elle ne s'applique pas à eux. Le jeu avec la règle, quelle qu'elle soit, est une règle fondamentale du don, y compris évidemment la règle importante de l'alternance et de la réversibilité des positions, parce qu'une autre règle, une méta-règle, affirme qu'il faut personnaliser la relation et pour cela enfreindre les règles sans nier leur existence. L'existence de la règle facilite la personnalisation de la relation par sa possibilité de l'enfreindre. C'est là que se jouent les rapports de pouvoir, de domination, etc. Et c'est dans cet état de *dette alternée* que se posent le plus de problèmes, et que la dette peut devenir potentiellement anxiogène, source de conflit et objet de stratégie [Sherry, 1993].

3) mais les agents peuvent dépasser ce stade où on ne fait que jouer avec la règle de l'alternance. Il est alors possible d'accéder à l'état de dette mutuelle positive : les deux partenaires (ou plus) sont en permanence donneurs et receveurs. Le don ne consiste

plus alors à passer du statut de donataire à celui de donateur dans une boucle sans fin, comme dans le stade précédent de la réversibilité des positions. Dans cet état, qui sort de la temporalité linéaire et de la logique du toujours plus, il ne s'agit plus de donner *plus*, mais de donner *le plus possible*, étant entendu que, de toute façon, l'état de dette est impossible à supprimer et que cela ne constitue pas un problème pour les partenaires.

Bien au contraire : cet état est considéré comme souhaitable et privilégié. « On ne craint pas la dépendance mutuelle; on peut au contraire souhaiter la dette et le lien instauré par la rencontre des personnes à travers le don qui les prolonge » [Belk, Coon, 1993, p. 403]. Ce dernier élément est important : c'est la grande différence par rapport à un état de dette séquentiel auquel il faut répondre en rendant plus. C'est seulement lorsqu'il est considéré comme désirable et qu'il est voulu par les partenaires que l'état de dette devient un état mutuel positif. C'est quand il ne se traduit plus par une *obligation de rendre* pour diminuer le poids de la dette (et à la limite s'acquitter ou rendre l'autre redevable), mais par un *désir de donner le plus possible*. Dans cet état, chacun ne rend plus, il donne. C'est un état de confiance mutuelle qui autorise un état de dette sans culpabilité, sans danger, sans inquiétude, sans angoisse. Cet état se reconnaît au fait que la dette devient libre, et à la limite sans obligation : en dette *et* libre.

Cet état de dette mutuelle entre deux personnes peut être étendu à un réseau beaucoup plus grand qui, à la limite, inclut le cosmos ou Dieu. « Ça se perd dans l'univers », dira une femme interrogée. Jamais je ne pourrai rendre tout ce qui m'a été donné, mais je donne à mon tour pour faire partie de cet univers. On ne donne jamais plus que l'on ne reçoit, on donne le plus possible, on est dans un état de dette positive. C'est la confiance en l'univers, qui s'oppose à la peur de se faire avoir, la peur de donner toujours plus qu'on ne reçoit. C'est l'accès à l'universel par une voie opposée à celle de l'utilitarisme qui rend tout équivalent et rend donc impossibles les relations uniques [Caillé, 1994, p. 20-21].

Dans cet état de dette, les donneurs font une sorte de « saut quantique ». Ils échappent au principe de l'alternance dans le temps pour accéder à un autre principe qui se caractérise précisément en tant qu'*état* où le temps ne joue plus. Les donneurs sortent du temps et atteignent ce que saint Thomas d'Aquin appelle la dette de reconnaissance : « La dette de reconnaissance est la conséquence et comme l'expression d'une dette d'affection, dont personne ne doit désirer être quitte » [1932, p. 125].

Nous ne sommes pas en présence d'une évolution linéaire d'un stade à l'autre. Ce sont trois états qui peuvent être utilisés pour caractériser chaque réseau familial, et chacune des relations qui le composent. Mais il faut bien se rendre à l'évidence que la majorité de nos relations de don ne se situent pas dans un seul état, qu'il y a constamment passage d'un état à l'autre avec la même personne et que les rapports de don se situent le plus souvent quelque part entre ces deux types extrêmes que constituent la réciprocité d'une part, l'état de dette positive d'autre part.

Par ailleurs, il n'y a plus de contradiction avec le modèle qui fait passer l'individu de l'état de receveur à celui de donneur, de sa naissance à sa maturité, s'il est admis que cette évolution est un modèle chronologique tiré de la psychologie et qui s'applique donc à l'évolution de l'individu, alors que le modèle des états s'applique aux relations entre les individus. L'état de dette désigne l'état d'un rapport entre deux individus ou plus. Certes, il faut que les individus en question aient atteint une certaine maturité personnelle pour connaître avec un autre individu l'état de dette mutuelle positive ; et inversement, l'état de dette négative caractérisera probablement des relations entre individus étant encore, sur le plan affectif, à un stade où ils ont besoin de recevoir, où ils sont en manque de réception et ont peur de se faire avoir. Différents, ces deux modèles ne sont pas contradictoires mais plutôt complémentaires.

## RÉCIPROCITÉ GÉNÉRALISÉE ET ÉTAT DE DETTE

> « "Rends ce que tu dois." Eh bien, [cette maxime] est souverainement honteuse lorsqu'il s'agit d'un bienfait. Quoi ? Rendra-t-il la vie, s'il la doit ? l'honneur ? la sécurité ? la santé ? Rendre est précisément impossible toutes les fois que les bienfaits sont parmi les plus grands. "Du moins, en échange de cela, dit-on, [rendons] un service qui en soit l'équivalent." Voilà bien ce que je disais : tout le mérite d'une action si éminente sera perdu, si du bienfait nous faisons une marchandise [*si beneficium mercem facimus*] » [Sénèque, 1972, t. I, p. 72-73].

*Kula ring*, écrivait Malinowski. « C'est une roue qui tourne », disent les personnes interviewées à propos de leur conception du don. « *What goes around comes around* », disent les Américains.

Ces visions circulaires du don ont le plus souvent été interprétées à partir du modèle marchand, comme signifiant la croyance en une sorte d'équilibre général — comme si le modèle néoclassique était universel et spontané. Une interprétation différente de cette image de la circulation des choses est plus plausible : on donne le plus possible, et si un jour on a besoin, on recevra à son tour; de toute façon, on a reçu plus qu'on ne pourra jamais donner. On reçoit plus qu'on donne nécessairement, tout en donnant le plus possible.

Nécessaire pour rendre compte du sens d'une partie de ce qui circule entre les membres des réseaux familiaux, cette notion de dette mutuelle positive doit faire partie de la panoplie des concepts destinés à élaborer un modèle alternatif à celui du marché. L'échange et surtout la réciprocité ne sont pas absents des réseaux familiaux. Et même si le système tend vers un état de dette mutuelle positive, l'échange et la réciprocité y jouent divers rôles. Cet état est une sorte d'horizon, et on devra souvent faire appel à un jeu entre différents principes pour rendre compte des comportements concrets, de la même façon que, dans le cadre de l'institution marchande, il faut souvent faire intervenir d'autres principes que le marché pour rendre compte de la relation concrète entre deux agents.

Différents auteurs, on l'a vu, ont énoncé cette idée d'une dette volontairement maintenue par les acteurs. Citons en conclusion celui qui est allé le plus loin dans son expression : Sénèque, pour qui, « en matière de bienfaisance [de don], la formule du devoir réciproque [est la suivante] : l'un doit oublier à l'instant ce qu'il a donné, l'autre n'oublier jamais ce qu'il a reçu » [p. 33]. « Celui qui reçoit doit dire à celui qui donne : "Tu ne sais pas ce que tu as fait pour moi, mais il faut que tu saches combien cela est au-dessus de ce que tu penses [...] Jamais je ne pourrai m'acquitter envers toi" » [p. 49].

Nous ne croyons pas pour autant que ce modèle de don où la dette positive tient une place importante ou prépondérante soit le seul modèle et qu'on doive le généraliser à l'ensemble des relations de don. Pour illustrer cela, et pour conclure sur le don dans la parenté, disons quelques mots d'un modèle qui se situe à l'opposé de celui qui vient d'être développé : le don agonistique.

On a vu que le pivot des rapports de parenté est la circulation intergénérationnelle, verticale. Dans les relations horizontales, tels les liens d'amitié et de camaraderie ou la compétition sportive, un autre modèle domine où la rivalité est beaucoup plus importante et où, alors, la réciprocité demeure centrale. C'est ce qu'on appelle la dimension agonistique du don — un type de don que, rappelons-le, J.-L. Boilleau a bien analysé dans son livre *Conflit et lien social* [1995].

Comme dans la parenté, on y retrouve l'excès comme élément essentiel, et même la dilapidation [Gotman, 1995]. Le débordement, l'inattendu, l'écart à la norme, le jeu avec les règles pour personnaliser la relation sont présents dans les deux modèles. On y cherche aussi continuellement à s'éloigner de l'utile. La gratuité, la liberté y sont aussi des valeurs essentielles. Mais, à la différence de la parenté, la rivalité, le jeu [Huizinga, 1949], la compétition sont beaucoup plus présents. C'est pourquoi la principale différence réside dans le fait que cet échange est fondé sur la réciprocité, car aussitôt qu'on s'éloigne de la réciprocité, le don s'y transforme en rapport de domination au lieu d'évoluer vers un état de dette positif [Boilleau, p. 74, 155, 193].

On est donc en présence ici d'un modèle différent de celui qu'on trouve dans la parenté, où nous avons constaté la présence d'une réciprocité limitée sans qu'en découle nécessairement un rapport de domination. Ici la réciprocité est une condition nécessaire pour éviter la domination d'un des partenaires par l'autre.

Autrement dit, on tolère facilement de se rapprocher de l'égalité dans l'*agôn*, et on tolère facilement de s'éloigner de la réciprocité dans la parenté.

# Seconde partie

# *LE DON AUX ÉTRANGERS*

# Introduction

## L'actualité du don aux étrangers

Comment les différents principes que nous venons de dégager de l'étude des réseaux familiaux jouent-ils dans cette autre sphère de la circulation des choses qu'est l'univers du don aux étrangers ? Y observons-nous un modèle spécifique de don ? Et, plus particulièrement, le concept de dette mutuelle positive peut-il y trouver une application ? Telles seront nos préoccupations dans cette seconde partie.

Mais tout d'abord, et plus prosaïquement, le don aux étrangers est-il encore important ? Même si on admet assez facilement l'importance du don dans les liens primaires, on a tendance à croire que la société moderne fonctionne, pour le reste, essentiellement à partir de l'État et du marché. Les débats sont la plupart du temps centrés sur le poids respectif de ces deux systèmes. Il n'est donc pas inutile de commencer par montrer l'importance de cette forme de don à l'aide d'un exemple qui illustrera également l'imbrication du don dans les liens primaires et du don aux étrangers.

À l'hiver 1998, le Québec a connu ce qu'on a appelé « la tempête de verglas ». Pendant plus d'un mois, des milliers de foyers ont été privés d'électricité, et donc de chauffage. Au beau milieu de cette crise, on a pu lire dans les journaux le texte d'un économiste critiquant les journalistes qui condamnaient les commerçants qui profitaient de la situation de crise pour augmenter le prix des bougies, du bois de chauffage ou de l'essence et des groupe électrogènes. « Il fallait bien trois siècles d'analyse économique pour en arriver là. [...] La demande ayant augmenté, les prix du marché ont suivi, ce mécanisme permettant de rationner la demande excédentaire et de satisfaire d'abord les besoins les plus urgents. Si les prix n'augmentent pas [...], une pénurie apparaît, c'est-à-dire que les choses sont simplement introuvables même à payer plus cher. » Et il conclut par ce sage conseil : « Au lieu de vitupérer les "profiteurs" [...] les journalistes devraient plutôt enquêter sur la répartition bureaucratique et politique de l'électricité. Ils découvriraient sans doute que le marché est un processus de répartition plus efficace et plus juste que le système politique et bureaucratique » [Lémieux, *Le Devoir* du 20.01.98].

Voilà comment un modèle théorique peut parfois nous aveugler et nous empêcher de voir ce qui se passe dans la réalité. Ce modèle pose que seuls deux mécanismes de distribution et de circulation des biens et services existent dans la société : le marché et l'État (ou la bureaucratie — et plus généralement toute forme d'allocation par un mécanisme centralisé) et affirme que le premier est presque toujours supérieur au second.

Il est vrai que si on avait laissé augmenter les prix en fonction de la rareté, il n'y aurait plus eu de pénurie. Car, après un certain temps, ceux qui ne pouvaient pas payer seraient morts de froid, et il y aurait eu équilibre entre l'offre et la demande. C'est le genre d'équilibre qui laisse le marché tout à fait « froid ». Il était même préconisé ouvertement au XIXe siècle [Polanyi, 1957]. Est-ce vraiment ce que notre économiste souhaite ?

Quoi qu'il en soit, examinons ce qui s'est réellement passé et demandons-nous si le modèle dichotomique qu'il présente est suffisant pour rendre compte des faits. Dans les faits, la pénurie a existé indépendamment du mécanisme des prix. Mais ce qu'il faut surtout remarquer, c'est que le problème n'a pas été résolu par des mécanismes marchands, et très peu par des mécanismes bureaucratiques. Il l'a été principalement par des mécanismes d'un autre type : ceux du don circulant dans des réseaux de solidarité. Or cette possibilité n'existe tout simplement pas pour beaucoup d'économistes. Une société avec ses réseaux et ses ressources propres, l'économiste n'a pas besoin de cette hypothèse… Seuls le marché et la bureaucratie existent.

Un modèle plus complet de ce qui circule, incluant le don — à la fois dans les liens primaires et entre inconnus —, permet de comprendre mieux ce qui s'est passé, et aussi de beaucoup mieux apercevoir sur quoi on peut compter (ou ne pas compter) dans des circonstances similaires. Mais un tel modèle doit nécessairement faire une place à la société elle-même, c'est-à-dire à tous ses réseaux où circulent énormément de choses et qui sont différents à la fois du marché et de l'État ou de sa bureaucratie. Autrement dit, il faut faire une place à la société, ce qu'oublie le modèle centré sur ces deux mécanismes importants certes, qui sont deux produits de la société, mais qui ne la résument pas. Parmi ces réseaux de la société, il est utile de distinguer entre les formes organisées (les associations appartenant au tiers secteur par exemple) et les innombrables liens que nous avons les uns avec les autres, avec notre famille, nos amis, nos voisins, etc., liens directs, non canalisés par des intermédiaires. C'est tout ce monde que l'économie tend à oublier. Une bagatelle, quoi !

Si on veut vraiment savoir comment, pendant cette crise, les biens et les services ont circulé, et quel canal a été le plus utile pour quel type d'aide, on a donc besoin d'un modèle moins caricatural et moins réducteur que celui sur lequel repose l'analyse de cet économiste.

Reprenons les catégories définies dans la première partie : du côté de ce qui circulait, il y avait des services, certes, mais aussi des objets et de l'hospitalité (hébergement) ; du côté des canaux et des agents, il y avait les marchands, certes, et l'État (les bureaucrates et les politiques), mais aussi les associations et les réseaux primaires, et ce que des chercheurs[1] analysant cette crise ont appelé « les solidarités spontanées ». Examinons maintenant ce qui s'est passé pendant cette crise à l'aide de ces catégories.

Selon Lemieux, les marchands auraient dû augmenter le prix des objets rares. Or la plupart ont peu augmenté leur prix. Il est vrai que certains ont tenté d'appliquer la loi de l'offre et de la demande malgré tout. Mais ils ont été minoritaires, et leur

1. *Cf.* Charbonneau, Gaudet [1998a]. Certaines données ici utilisées sont tirées de ce rapport de recherche.

attitude a été fustigée. « Les commerçants abusifs rétablissent les prix, inquiets des dénonciations » [*Le Devoir* du 16.01.98]. N'en déplaise à M. Lemieux, ils ont été condamnés non pas d'abord par les médias, mais par la société tout entière. C'est la société — ni les médias, ni le gouvernement, ni la bureaucratie — qui a imposé aux marchands une norme sociale. Ces derniers ont agi dans leur intérêt, mais qui n'était pas de suivre les conseils de l'économiste Lemieux ! Cette réalité — la société — existe, même si M. Lemieux ne l'a apparemment jamais rencontrée. Cette réalité fait en sorte que, en temps de crise, la loi du marché ne règne plus en maître. Il n'est plus question d'ajuster l'offre à la demande. La société considère que certaines normes (empêcher quelqu'un de mourir de froid, même s'il n'a pas les moyens de se procurer des moyens de chauffage) sont plus importantes que la loi de l'offre et de la demande. Les commerçants qui ont augmenté leur prix se sont vus obligés de les rabaisser. Le gouvernement a même parlé de publier une liste des commerçants qui abusaient, pour que les consommateurs puissent les boycotter. « En tout, 477 consommateurs ont dénoncé des pratiques commerciales abusives auprès des organismes de consommateurs » [*Le Devoir* du 4. 03.98].

L'important phénomène de générosité collective auquel on a assisté ne s'est pas seulement passé hors du marché, mais aussi hors de l'État. Les dons de bois de chauffage ont été particulièrement importants en provenance du Saguenay, région qui avait été sinistrée un an plus tôt et était fière de donner à son tour, de « rendre » et de montrer aux Montréalais de quoi elle était capable.

En ce qui concerne l'hospitalité, un curieux phénomène s'est produit : l'offre a dépassé de beaucoup la demande. « 25 000 places d'hébergement disponibles », titre *Le Devoir* du 5 janvier 1998. À la télévision, on mentionne que 80 000 offres privées ont été faites, et que seulement 400 ont été acceptées ! Laissons de côté la question de l'exactitude des chiffres. Mais, de toute évidence, on est en face d'une difficulté à recevoir, à accepter l'offre et non à offrir. On est bien loin du modèle marchand, de la loi du marché qui conduirait tous les receveurs potentiels à sauter sur une telle aubaine de gratuité.

En fait un certain nombre de sinistrés refusent ou hésitent à accepter une offre d'hospitalité lorsqu'elle vient d'inconnus

[Charbonneau, Gaudet, 1998b, p. 107]. Pas l'offre de biens (d'objets), mais celle de l'hospitalité. Pour plusieurs raisons, dont celle d'avoir peur de déranger, de trop devoir, de ne pas savoir comment se comporter chez des étrangers. L'attitude des receveurs obéit aux règles du don, et non à celles du marché ou de l'État.
— Non sans ambiguïtés et difficultés. Ainsi, l'une de mes amies a hébergé une famille. En partant, le mari lui offre des fleurs et une carte de remerciements, avec un *post-scriptum* : « 10$ par jour, 3 personnes, 2 jours = 60$ » — et la somme jointe. Cette amie s'est sentie insultée…

Où les sinistrés préfèrent-ils aller? En général, ils préfèrent être hébergés d'abord dans le cadre des liens primaires (parents, voisins, amis), ensuite dans les refuges offerts par les organismes du tiers secteur et les municipalités malgré l'inconfort et la promiscuité, et en dernier lieu seulement dans des familles inconnues. Autrement dit, l'hospitalité offerte par les autorités publiques (gouvernementales, locales) avec l'aide des associations et du bénévolat est préférée à l'hospitalité offerte par des inconnus dans un cadre qui est celui des liens primaires. Il y a de l'intime dans l'hospitalité, il y a ce mélange de liens primaires et secondaires difficile à vivre — au point de préférer l'éviter…

Un autre élément pour rendre compte de ce comportement a trait aux caractéristiques socio-économiques des sinistrés. Les centres d'hébergement accueillent souvent les plus démunis de la société, ceux qui n'ont pas de réseaux primaires pour les accueillir, et probablement les plus pauvres aussi. Ils sont peut-être gênés d'être reçus chez et par des gens de milieux différents et craignent de ne pas savoir adopter le bon comportement, de « déranger ». C'est probablement une des raisons qui expliquent leur refus de ce type d'hébergement et leur préférence pour une hospitalité qui se situe plus dans le cadre d'un droit, une hospitalité plus neutre où on peut se comporter comme un client, et même avoir des exigences, où il y a moins de flou quant aux règles à suivre. Qui sait si les réactions de certains sinistrés dans les refuges (on se plaint de ne pas avoir de mousse à raser, de dentifrice, etc.) qui ont étonné tant de téléspectateurs ne s'expliquent pas en partie de cette manière? Ils se sont comportés comme s'ils étaient à l'hôtel, ou encore comme s'il s'agissait d'un sinistre dans lequel ils avaient tout perdu (tel un incendie, une tornade, une inondation), alors que leur maison est là, que tout est là. Une sorte d'envie d'en profiter pour une fois qu'on peut légitimement réclamer sans se sentir coupable, mais aussi peut-être une manière de montrer que l'on considère cela comme un droit plutôt que comme un don. Il y a là un comportement étrange, intéressant — à rapprocher peut-être du malaise des receveurs d'organes face à la famille du donneur (on y reviendra plus loin).

Il faut noter par ailleurs que pour mettre en valeur la générosité, le bénévolat, la solidarité, les médias avaient fortement tendance à présenter l'activité des centres d'hébergement comme impliquant deux catégories de personnes, les hébergés et les hébergeurs (responsables, bénévoles, cuisiniers, etc.). Les premiers passifs bien sûr, attendant qu'on les serve et plus ou moins satisfaits, les seconds évidemment « épuisés ». Cette manière de présenter les faits correspond aux catégories de notre société qui divise toujours le monde entre producteurs et usagers et n'imagine pas d'autres modes possibles d'organisation comme la co-organisation ou l'auto-organisation. Et il est fort possible que la collaboration — la co-production, dirait-on dans le vocabulaire administratif — ait été plus importante que l'image qui en a été donnée, et que des initiatives originales en la matière aient eu lieu. Mais nous n'en saurons jamais rien…

Mais revenons à l'aide. Globalement, d'où est-elle venue principalement ? Ni du marché, ni de l'État, mais des réseaux primaires, des solidarités spontanées dont on ne parle jamais. Pour ma part, j'ai connu de nombreuses familles sinistrées, mais aucune ne s'est retrouvée dans un refuge — et parmi les gens que je connais, personne non plus n'en a connues. Comme d'habitude, on n'a parlé que des institutions publiques, alors que, pour l'essentiel, l'aide est venue de la société et de ses réseaux. Les municipalités et les associations ont aussi joué un rôle très important. D'innombrables initiatives locales ont été prises — ainsi de l'utilisation de locomotives comme source d'énergie. Pendant que la sécurité civile gouvernementale coordonnait et planifiait, des communications directes entre maires de municipalités différentes s'établissaient (jumelages de municipalités) ; les réseaux réglaient les problèmes, trouvaient des solutions. « Sainte-Émilie-de-l'Énergie envoie du bois à Saint-Clet. » « Le palier municipal a été le plus rapide à répondre à la crise », reconnaît un député fédéral. Et les réseaux associatifs (les Chevaliers de Colomb pour le bois, l'Union des producteurs agricoles pour les groupes électrogènes...) ont fonctionné à plein. La générosité de la population a été importante pour tout ce qui circulait : biens, services (bénévolat), hospitalité. Seule l'hospitalité a été peu « reçue » lorsqu'elle était offerte par des inconnus, et elle seule a dépassé de beaucoup la demande.

La sécurité civile, institution gouvernementale, est l'institution qui a paru se comporter le plus mal et œuvrer comme une bureaucratie inefficace. Il lui a été principalement reproché de refuser d'admettre qu'elle était débordée et de prendre des engagements qu'elle ne pouvait pas tenir.

Face à tout cela, plusieurs questions se posent. Toutes les sociétés se comportent-elles de la même façon ? Il est probable que le nombre de commerçants profiteurs dans de telles circonstances varie d'une société à l'autre. En fonction de quels facteurs ? Difficile de savoir, mais c'est sûrement un indice du degré de confiance, de la force d'une société. (Mais comment mesurer le degré de confiance entre les membres d'une société ?)

On constate en tout cas que, dans un contexte de crise, le marché s'inscrit dans les normes sociales et que l'État se met au service des réseaux sociaux. Mais pourquoi n'en est-il pas toujours ainsi ? Pourquoi, en dehors des situations de crise comme celle-ci, serait-il normal que des commerçants laissent mourir quelqu'un de froid parce qu'il n'a pas d'argent pour se chauffer, ou augmente le prix des marchandises de première nécessité parce qu'elles sont devenues rares ? C'est plutôt cette question que l'économiste Lemieux devrait poser...

Quoi qu'il en soit, toutes les observations qui précèdent, loin d'être exhaustives, suffisent amplement à mettre en évidence que le cadre de référence des acteurs dans de telles circonstances n'est pas celui des lois du marché, mais celui *des règles du don*, avec tous les problèmes que cela pose bien sûr. Son modèle aveugle l'économiste et l'empêche de voir ce qui s'est véritablement passé pendant toutes ces semaines : l'immense mobilisation des forces sociales hors marché, la société en action. Il est vrai que certains consommateurs en ont profité pour faire des provisions de bois pour l'hiver suivant, qu'il y a eu aussi un certain gaspillage, que certains en ont profité pour se faire offrir du savon ou du dentifrice alors qu'ils en avaient déjà chez eux, etc. Mais, pour ce qu'on en sait, ces phénomènes sont demeurés marginaux. Selon un sondage rapporté par *La Presse* du 25 janvier 1998 (et voir aussi Charbonneau, Gaudet, 1998), deux Montréalais sur trois ont porté secours à quelqu'un pendant la crise. De façon prévisible, l'aide est venue d'abord de la famille, puis des amis, et finalement des voisins. Et la pénurie de bois s'est résorbée principalement parce que des citoyens en ont donné, tout simplement — seule une infime minorité en a profité pour le vendre plus cher. Comme ce fait social élémentaire ne fait pas partie des possibilités théoriques de l'économiste, il ne peut tout simplement pas le voir. Il ne voit que l'alternative marché/bureaucratie. L'analyse de ce sinistre constitue une bonne illustration du caractère tronqué d'une telle vision de la société et de sa dynamique, de la façon dont les choses circulent et du ou plutôt des moteurs (*springs*) qui font circuler les biens et les services dans une société.

Le don entre étrangers est certes très ancien : pensons à la charité chrétienne, à la compassion bouddhiste. Mais cet exemple montre qu'il est encore très présent malgré l'importance du marché et de l'État, et qu'il se manifeste de manière spectaculaire lorsque les circonstances l'exigent.

On assiste même à un renouveau de ce type de don en Occident. Bénévolat, entraide, aide humanitaire, philanthropie, don d'organes et don de sang, appels à l'aide de toutes sortes prennent une importance considérable et font qu'une quantité toujours plus grande de biens et de services circulent sous cette forme, et ce au plan mondial. Car parallèlement à la mondialisation des marchés, on assiste aussi à la mondialisation du don.

Ces activités recoupent en grande partie ce que l'on range dans la catégorie de tiers secteur, mais ne s'y résument pas. Ce dernier inclut surtout des activités organisées, impliquant des intermédiaires entre celui qui donne et celui qui reçoit. Ces intermédiaires sont souvent des bénévoles, mais on constate aussi souvent, à leurs côtés, la présence de salariés (ainsi dans le don d'organes). Et comme on va le voir, cette caractéristique exclut du tiers secteur plusieurs formes de don à des étrangers.

4

# Un don étonnant

Avec le don aux étrangers, nous sommes en présence de ce qu'on pourrait appeler un don à l'état pur, non seulement au sens d'un don *unilatéral* comme on l'entend habituellement, mais aussi au sens où, à l'opposé du don dans la parenté, il n'est pas fortement influencé par la relation souvent intime que les partenaires entretiennent — par ce que les sociologues appellent le lien primaire par opposition au lien secondaire qui caractérise les relations avec un fonctionnaire par exemple. Le don aux inconnus est souvent ponctuel, et même lorsqu'il se répète, il est admis au départ qu'*il n'y a pas de retour*. En conséquence, il ne prête pas facilement le flanc aux explications par l'intérêt immédiat. On ne soupçonne pas aussi facilement celui qui donne de le faire uniquement pour recevoir. Dans le don aux étrangers, le receveur qui « rend » le fait donc aussi « gratuitement » que le donneur, en vertu d'une « obligation » qui semble inhérente au don lui-même puisqu'elle ne découle pas de la relation comme dans les liens primaires, et qu'elle n'obéit pas à des raisons utilitaires, comme on le verra. Il n'y a aucune raison raisonnable (aucun « intérêt ») de rendre à un inconnu qu'on ne reverra jamais. Et pourtant, cela se fait, comme l'ont montré de nombreuses recherches [Frank, 1988].

Après avoir décrit quelques cas de figure courants, nous examinerons le caractère tout à fait étonnant, d'une certaine façon inconcevable, de ce don aux étrangers.

## LA DIVERSITÉ DU DON AUX ÉTRANGERS

Bénévolat, don humanitaire, philanthropie, telles sont quelques-unes des figures du don aux étrangers qui viennent spontanément à l'esprit. Ces formes de don font partie du tiers secteur. Mais le don aux étrangers s'étend bien au-delà. Et on peut rappeler pour commencer toutes ces formes de don aux étrangers qu'on tend à oublier soit en raison de l'absence d'intermédiations entre le donateur et le donataire, soit au contraire parce que la médiation des secteurs étatique ou marchand y joue un rôle très important, comme dans le don d'organes.

### *Le don du Samaritain*

Un homme frappe à ma porte. Sa voiture est en panne en face de chez moi et il voudrait téléphoner. Il me demande aussi de l'eau. En partant, il sort 20$ de sa poche et me les offre. Je refuse. Il me présente alors sa carte de visite en disant : « J'espère bien pouvoir vous le rendre un jour… le plus vite possible » [extrait de Godbout, Caillé, 1992, p. 18].

Comment rendre compte de l'attitude de cet homme ? Le point de vue utilitaire aurait dû le conduire à considérer que « c'était toujours ça de gagné », et à s'éloigner rapidement en remerciant. Mais l'histoire ne s'arrête pas là. Comme sa carte de visite indique qu'il est employé dans un commerce d'électronique, quelques mois plus tard, je m'y présente pour lui demander conseil au sujet de ma chaîne stéréo. Lorsqu'il me reconnaît, il paraît tout à coup effrayé et semble avoir peur de ce que je pourrais lui demander et qu'il se sentirait obligé de donner.

Le don aux étrangers de type « samaritain » est un don sans intermédiaire d'un service à un inconnu, offert spontanément ou demandé par la personne. La nature du don varie à l'infini, d'un coup de main donné en passant à quelqu'un qui a une panne de voiture jusqu'au fait de sauver la vie de quelqu'un qui se noie. Est-ce un lien primaire ou secondaire ? C'est un don *personnel* à un *inconnu*. Personnel, mais secondaire. Personnel au sens que le don se fait sans intermédiaire, mais aussi au sens où les agents sociaux ne se situent pas dans un système établi de rôles : le donateur n'est pas un commis derrière un guichet payé pour dispenser des services; le donataire n'est pas un client. Vu sous cet angle, c'est un lien primaire. Mais pourtant il est ponctuel, entre étrangers, et possède donc également plusieurs caractéristiques du lien social secondaire. Étranger mais non inconnu car le donneur et le receveur entrent nécessairement en contact, ce qui n'est pas toujours le cas comme on le verra. Ce n'est pas un don anonyme. Est-ce pour cette raison que la volonté de rendre se manifeste si fortement? On va revenir sur cette question. Mais auparavant, poursuivons la description des autres formes de don aux étrangers.

### *Le don au mendiant*

Le don au mendiant dans la rue est aussi un don sans intermédiaire, mais il est déjà plus institutionnalisé. Le receveur n'a pas un besoin ponctuel, c'est au contraire souvent son principal revenu. Le mendiant est celui qui fait de la réception d'un don un statut social, voire une profession. À une certaine époque, cette activité était interdite aux personnes aptes au travail. Même si le don du Samaritain et l'aumône sont similaires en tant que dons à des étrangers sans intermédiaire, il existe un énorme fossé entre ces deux gestes, et surtout entre les deux positions de receveur. La mendicité est un rôle de receveur codé comme le plus honteux de tous (sauf dans le cas de figure intéressant du don aux moines; voir à ce sujet Silber, 1995). C'est le seul vraiment honteux d'ailleurs. C'est pourquoi dans le contexte du Samaritain, le receveur tente toujours de prendre ses distances par rapport à l'aumône, en manifestant son intention de rendre et en présentant sa demande comme une situation exceptionnelle, indépendante de sa volonté. Inversement — ce qui montre la même chose —, c'est également une stratégie utilisée par les mendiants pour ne pas apparaître comme tels : « Je me suis fait voler, je dois prendre un train, etc. ». Le mendiant, contrairement à celui qui reçoit dans le cas du don samaritain, ne rend pas et ne ressent pas cette obligation — même si parfois il remercie et ajoute : « Dieu vous le rendra. » (Rendre n'est donc pas toujours totalement absent de cette réception…)

*Les groupes d'entraide*

Étant plus structurés, les groupes d'entraide supposent un minimum d'intermédiaires entre celui qui donne et celui qui reçoit l'aide. Dans les principes des Alcooliques anonymes, qui sont à l'origine des groupes d'entraide actuels, le receveur devient donneur. Mais nous reviendrons longuement plus loin sur cette forme de don...

*Le bénévolat*

Qu'est-ce que le bénévolat? Le philanthrope donne de l'argent, le héros donne (ou risque de donner) sa vie, le bon Samaritain donne son manteau et l'hospitalité. Que donne le bénévole? Il donne du temps — soit le don de ce qui manque le plus aux individus modernes d'après les sondages. Le bénévole donne son temps. Il ne le fait pas payer et ne demande rien en retour. En ce sens, il va à l'encontre des valeurs de la société actuelle fondées sur le salaire et le profit. « Rappelle-toi que le temps, c'est de l'argent », disait Benjamin Franklin. Pour le bénévole, le temps, ce n'est pas de l'argent! Être bénévole, c'est faire mentir Benjamin Franklin... et agacer parfois les syndicats!

Le bénévolat est un don de temps à des étrangers. Le nombre de bénévoles est en augmentation. Mais le domaine connaît actuellement une évolution importante et subit des pressions provenant notamment du secteur public. Plusieurs facteurs contribuent à cette évolution du bénévolat.

— En réaction contre l'idée traditionnelle du bénévolat-sacrifice, on se veut moderne et on tend à valoriser le fait que faire du bénévolat « rapporte » (en termes de prestige, de contacts, d'expérience...). Le lien subtil fin-moyen essentiel au don se rapproche alors du modèle de la rationalité instrumentale [Wuthnow, 1991].

— Les rapports de plus en plus étroits qu'entretient le bénévolat avec l'État qui le subventionne et lui confie des missions spécifiques transforme son rôle. Il tend à devenir un instrument de l'État. Dans ce contexte, nombre de bénévoles en viennent à percevoir leur rôle différemment, et demandent des compensations pour un travail non payé. Ils en arrivent ainsi à concevoir leur action sur le modèle du rapport salarial.

— Quel que soit le lieu de sa pratique, de son « don », le bénévole est de plus en plus « encadré », entouré de salariés de toutes sortes, ou de travailleurs non salariés puisque l'État utilise les organismes de bénévolat pour des programmes de réinsertion professionnelle [Robichaud, 1995]. Le caractère libre et gratuit de l'acte, essentiel au don, risque de se dissoudre. C'est à l'intérieur des organismes d'inspiration ou de type religieux que l'action demeure dominée par les normes du don. L'importance des principes (de l'esprit) est évidente ici. Mais même les organismes religieux basés sur l'esprit de charité n'échappent pas complètement à cette transformation[1].

La contamination bureaucratique et professionnelle affecte donc le bénévolat. Mais en règle générale, tant qu'un rapport direct avec le receveur est maintenu, le don en demeure le principe organisateur, même si la relation donateur-donataire elle-même s'inscrit dans un programme étatique ou simplement dans un milieu professionnel (hôpitaux, etc.).

### *La philanthropie*

Où se situe la philanthropie dans l'ensemble du don aux étrangers ? C'est un domaine intermédiaire, transversal, qui fait passer le don d'argent (du donateur au donataire) dans des secteurs divers. Le destinataire peut même être un organisme public — ainsi des hôpitaux. En effet, une partie importante du don philanthropique va à des organismes de recherches, des universités et à tout un ensemble d'institutions qui ne sont pas en elles-mêmes régies par le don. Certes le receveur final théorique, c'est celui qui est atteint du cancer ou la société tout entière qui vont bénéficier des recherches qui s'effectuent grâce au don. Mais ceux qui profitent directement du don, à titre d'intermédiaires devant transformer le don en découvertes scientifiques ou en guérison de patients, ce sont souvent des salariés dont l'activité n'est pas régie par le don.

Et si on se rappelle que la plupart de ces organismes sont financés aussi par l'État en raison de leur mission (enseignement,

1. Du moins selon un article paru dans le *Wall Street Journal* du 31 mars 1995 (*Charities on the Dole*, du père Sirico de l'ordre de Saint-Paul).

recherche médicale...), il est clair que même si personne ne fait de dons directs à l'État en payant volontairement plus d'impôts, l'État reçoit de plus en plus de dons monétaires pour remplir ses missions. Dans tout ce système, seul celui qui donne (et le bénévole qui participe à la campagne de collecte) semble conserver l'esprit du don — et tout particulièrement le petit donneur anonyme d'où provient la plus grande partie des fonds de la philanthropie[2].

### *Le don d'organes*

Le don du Samaritain comme le don au mendiant n'impliquent aucune organisation intermédiaire entre donneur et receveur, et n'appartiennent pas de ce fait au tiers secteur. À l'autre extrême, on trouve des dons qui ne sont pas non plus considérés comme faisant partie du tiers secteur mais pas à cause du lien direct donateur-donataire : à cause, au contraire, du fait que le don circule à travers des organisations régies par les principes marchand ou étatique et professionnel. Ainsi du don d'organes qui fait partie de la sphère du don aux étrangers parce que le don y occupe une place centrale même s'il est inséré dans des systèmes technico-professionnels très sophistiqués relevant en partie de l'État, en partie du marché. En ce sens, il n'appartient évidemment pas au tiers secteur, mais ce qui y circule est un don.

### *L'adoption*

Enfin comment ne pas mentionner l'adoption, cette entrée d'un inconnu dans un réseau familial autrement que par la naissance ou la formation d'un couple ? Don-limite, don impossible, qui s'effectuait antérieurement surtout à l'intérieur de la parenté. Aujourd'hui, en passant des réseaux primaires à l'adoption internationale, il mobilise de plus en plus d'intermédiaires de tous types : État, associations sans but lucratif et marché.

Dans la tradition religieuse occidentale, la naissance d'un enfant était considérée comme un don de Dieu. C'est peut-être

2. Qui ne provient pas principalement des grandes entreprises comme on a tendance à le croire à cause de leur plus grande visibilité [voir Colozzi, Bassi, 1995, p. 24; Silber, 1999].

dans cet esprit que jusqu'à récemment, on avait tendance à couper complètement les liens entre la mère biologique et la nouvelle famille. Mais avec le phénomène de l'extension des droits, on tend à appliquer ce modèle à l'adoption. Ainsi, aux États-Unis, le mouvement dit de l'*open adoption* revendique le droit de l'enfant à connaître ses parents biologiques et favorise même la rencontre entre les familles.

Mais on revendique aussi, au nom de la liberté de choix et au nom des droits, le droit à l'enfant et la possibilité pour les parents adoptifs de choisir l'enfant. On sort ainsi entièrement du modèle du don pour entrer dans celui des droits, ce qui inquiète de nombreux observateurs. Car, comme l'affirme J. S. Modell, « le droit de choisir un bébé entraîne celui de retourner un enfant » [1994, p. 233].

## ENTRÉE PAR LE DON ET TIERS SECTEUR

Cette brève description suffit pour mettre en évidence que l'entrée par le don diffère de celle du tiers secteur, même si elle s'en rapproche par ailleurs. Certains types de don aux étrangers se situent d'emblée dans le tiers secteur alors que d'autres, sans intermédiaires organisationnels, sont plus près des liens primaires. Par ailleurs, le tiers secteur inclut également des organisations non fondées sur le don comme tel, puisque tout ce qui est sans but lucratif y est statutairement inclus. Or, on peut ne pas viser le profit, ne pas faire partie de l'État et ne pas non plus être fondé sur le don, mais plutôt sur le rapport salarial et la mutualité, comme par exemple les clubs automobiles (*Automobile Clubs*) qui fonctionnent en fait comme des organisations capitalistes, mais sans le profit. Le rapport salarial en demeure la base. Autrement dit, le fait d'être sans but lucratif (et donc d'appartenir de ce fait, au tiers secteur) ne signifie pas être inscrit dans le champ du don aux étrangers.

D'ailleurs, on présente le plus souvent le tiers secteur en termes uniquement économiques, en le comparant avec le marché et l'État. Par exemple Van Til [1988, p. 3] affirme qu'aux USA, le marché couvre 80 % des activités économiques, l'État 14 % et le tiers secteur 6 % (mais 9 % de l'emploi, précise-t-il). Le tiers secteur correspond donc ici à un découpage économique de la société qui ne tient compte finalement que de ceux que nous appelons, dans notre perspective, les intermédiaires. Cette approche laisse donc de côté ceux qui en sont les acteurs principaux dans la perspective du don — soit les donneurs et les receveurs. Ces défauts bien connus de la comptabilité nationale prennent un relief particulier quand il s'agit de prendre la mesure de l'importance du tiers secteur : elles tendent à évacuer ce qui, dans ce secteur, passe par le don et à surévaluer ce qui passe par le rapport salarial. Ces catégories ont donc les mêmes biais que l'économie formelle qui ne considère comme active que la population de ceux qui travaillent et perçoivent un salaire.

Si, au contraire, on entre dans le tiers secteur par le don et à partir des liens primaires, donneurs et receveurs se retrouvent au centre de l'analyse, ce qui est peut-être à même de contribuer à appréhender ses activités indépendamment des catégories issues des univers mentaux propres à l'État et au marché.

## DONNEUR-RECEVEUR : TROIS TYPES DE LIENS

Deux critères ont été jusqu'à présent retenus pour présenter le don aux étrangers : la présence (et le poids) des intermédiaires et leur rôle. Ces dimensions déterminent ce qu'on pourrait appeler le « degré d'inconnu » dans le don aux étrangers. À un extrême, l'ingrédient « inconnu » est minimal, comme dans le cas du Samaritain ou de celui qui donne au mendiant. Il ne s'agit certes pas de liens primaires au départ puisque le don qui circule est engendré par un intermédiaire (bénévolat) ou une circonstance (don samaritain) ou un hasard (aumône) entre deux personnes qui ne se connaissaient pas et qui ne deviendront ni amis ni parents. Mais un lien direct entre le donneur et le receveur existe dans tous ces cas, si bien qu'on peut dire, bien qu'il s'agisse au départ d'un lien entre étrangers-inconnus, que ce ne sont plus des inconnus au sens strict qui sont en relation. Une relation interpersonnelle peut même se développer comme dans le bénévolat. À l'autre extrême, l'inconnu demeure étranger du début à la fin. Pas de rencontre le plus généralement entre le donneur et le receveur dans le don de sang ou le don d'organes, dans les dons d'argent ou d'objets au moment des grandes catastrophes...

Cela nous permet de distinguer trois types de don aux étrangers :

— *le don aux étrangers inconnus*, caractérisé par l'absence de lien direct donateur-donataire (philanthropie, don du sang, don d'organes, etc.);

— *le don aux étrangers connus*, caractérisé par un contact direct ponctuel et le plus souvent unique (comme dans le cas de l'aumône ou du Samaritain);

— *le don aux étrangers familiers*. Dans ce dernier type, les contacts directs entre le donneur et le receveur sont multiples et s'étendent dans le temps : bénévolat, groupes d'entraide... On est à la limite ici du lien primaire. Mais il est rare que ce seuil soit franchi. Un bénévole visitant une personne âgée pour les Petits Frères des pauvres pourra peut-être en arriver à dire qu'elle est devenue une amie. Mais si on le questionne sur la nature de cette amitié, il répondra que ce n'est pas comme avec une « vraie » amie [Godbout, Guay, 1988]. Le rapport qui s'établit entre celui qui donne et celui qui reçoit demeure donc différent du lien primaire.

Et il en diffère également sous un autre aspect. Alors que le don fait aux proches et dans les liens primaires va de soi, le don aux étrangers, malgré son importance, surprend.

Le don de rein l'illustre. Jusqu'à récemment, on notait la présence dans ce secteur de ce que Fox et Swazey [1992, p. 47-48] désignent comme une sorte de « tabou collectif » qui interdisait aux médecins de réaliser des transplantations de rein entre étrangers. Seul le donneur biologiquement apparenté était considéré comme acceptable. Ces auteurs précisent :

> « Malgré la grande inquiétude qui envahissait le chirurgien qui procédait à une néphrectomie sur un donneur apparenté, il considérait que, malgré tout, l'opération était acceptable et moralement justifiée par la grandeur et le caractère admirable et "altruiste" de ce don de soi, de ce sacrifice motivé par le lien du sang. Mais les médecins n'avaient pas la même réaction lorsqu'il s'agissait de donneurs non apparentés. Leurs motivations leur semblaient plus énigmatiques, voire psychopathologiques, ou financièrement intéressées » [*cf. Council of the Transplantation Society,* 1985, p. 715-716, et Danovitch, 1986, p. 714].

Toutefois le manque d'organes a conduit à accepter que le donneur soit un étranger. Mais alors, ajoutent Fox et Swazey, « une nouvelle catégorie est apparue dans le vocabulaire de la transplantation, celle de "donneurs émotionnellement apparentés", désignant des personnes dont les liens avec le receveur étaient analogues aux liens biologiques » [p. 47-48].

Cet exemple illustre à quel point le don aux étrangers n'est pas aussi naturel que le don dans les réseaux primaires : au point que pour admettre un tel don, soit ressenti le besoin de le relier métaphoriquement à un lien primaire.

Pourquoi, alors que le premier s'impose tout naturellement, le second va-t-il aussi peu de soi ?

## LE DON AUX ÉTRANGERS COMME FIGURE DE L'IMPOSSIBLE

> « Par don pur nous entendons l'acte par lequel une personne donne un objet ou rend un service sans rien attendre ni recevoir en retour. Ce type de don ne se rencontre pas souvent dans la vie tribale trobriandaise [...] Les aumônes ou charités n'existent pas puisqu'un individu dans le dénuement se voit secouru par tous les siens » [Malinowski, 1989, p. 238].

Dans sa célèbre étude du *kula* réalisée au début du siècle, Malinowski estime que des notions comme la charité et le don unilatéral aux étrangers sont impensables dans la société trobriandaise, et plus généralement dans les sociétés archaïques[3]. Car si une personne est dans le dénuement, elle ne sera pas secourue par un inconnu, mais, comme dit Malinowski, par « tous les siens ».

Il adopte ainsi la vision de la plupart des anthropologues, au point qu'on pourrait avancer que le modèle anthropologique du don, au-delà de toutes ses variantes, reconnaît comme loi générale le fait que plus on s'éloigne des liens primaires, plus on s'éloigne aussi du don unilatéral pour se rapprocher d'une réciprocité de plus en plus stricte et finir par basculer dans le marché. C'est la thèse bien connue de la réciprocité généralisée de l'anthropologue Marshall Sahlins [1976] : plus le lien est intime

3. Voir aussi Polanyi [1957, p. 54].

et proche entre donateur et donataire, plus la réciprocité s'étend sur des cycles longs, dont la limite est le don unilatéral.

Or le don aux étrangers est unilatéral, tout en se situant pourtant à l'extrême opposé du lien intime[4]. Si le don n'est compréhensible que dans la mesure même où on peut le relier aux liens sociaux, aux sentiments, cette absence apparente de lien dans le don entre étrangers le rend *a priori* inintelligible. D'où vient cette obligation que les modernes semblent s'imposer? Le don aux étrangers permet-il de penser le don indépendamment des liens sociaux concrets, primaires? Oblige-t-il à penser le don en soi? ou renvoie-t-il, en dernière analyse, aux liens sociaux primaires? ou encore à d'autres types de liens sociaux?

C'est vraiment un don qui ne va pas de soi. C'est l'*agapè*, don impossible en un sens [Comte-Sponville, 1995, p. 353-354]. C'est le concept d'altruisme qu'on applique au don aux étrangers, alors qu'au sein du lien primaire, on parlera plus spontanément de générosité que d'altruisme [Dasgupta, 1993]. Le don aux étrangers est le don unilatéral, inconditionnel par excellence, sans retour. À la différence du don dans les liens primaires, c'est le don le plus ouvert sur l'humanité tout entière — le don idéal si on en croit la définition de Sartre :

> « Une des structures essentielles du don est la reconnaissance de la liberté des autres : le don est occasion [...] de transformer le donné en une autre création, bref en un autre don. Ainsi l'humanité ne se referme jamais sur soi, elle est toujours ouverte, car en aucun cas elle ne se prend elle-même pour fin. [...] Elle se réalise par dessus le marché » [1983, p. 177].

C'est aussi, est-on tenté de conclure avec Malinowski, le don le plus spécifiquement moderne. Car le don archaïque n'est pas inconditionnel et n'est pas ouvert. L'altruisme serait une caractéristique de la société moderne. C'est l'idée centrale développée par Titmuss dans son célèbre ouvrage sur le don du sang qu'il vaut la peine de citer :

> « À la différence du don dans les sociétés traditionnelles, il n'y a dans le don gratuit de sang à des étrangers inconnus aucune contrainte coutumière, aucune obligation légale, aucun déterminisme social; aucun pouvoir contraignant n'est exercé sur les participants, aucun

4. Voir à ce sujet Beaucage [1995, p. 101].

besoin d'un impératif de gratitude [...] Par le simple fait de ne demander aucun paiement en retour, ni même d'en attendre, ceux qui donnent leur sang affirment croire qu'il existe des hommes ayant la volonté d'agir de façon altruiste dans l'avenir, et capables de s'associer pour donner librement si nécessaire. Ils manifestent ainsi la confiance dans le comportement futur d'étrangers qui leur sont inconnus et contredisent la thèse de Hobbes qui considère les êtres humains comme dépourvus de tout sens moral.

En tant qu'individus, on peut dire qu'ils participent à la création d'un bien qui transcende celui de l'amour de soi (*self-love*). Ils reconnaissent qu'il est nécessaire 'd'aimer' des étrangers pour pouvoir 's'aimer' soi-même. C'est tout le contraire du système d'échange marchand atomisé, dont le résultat est de 'libérer' les êtres humains de tout sentiment d'obligation vis-à-vis de leurs semblables, sans égard aux conséquences pour ceux qui sont dans l'incapacité de prendre part au système » [1972, p. 239].

Quel renversement par rapport à la vision habituelle de la société occidentale ! La modernité ne serait pas seulement le lieu du marché, de l'intérêt, de la rationalité instrumentale, du cynisme et du désenchantement, mais également celui du don le plus unilatéral et le plus inconditionnel : le lieu du « don pur ». Il y a là une vision tout à fait étonnante de nos sociétés, qu'il faudrait à tout le moins réconcilier avec la conception courante. Mais n'y-a-t-il pas là aussi un point de départ possible pour penser la société moderne autrement que dans une matrice économique ?

Avant de suivre cette piste, il faut toutefois mettre quelques bémols au caractère spécifiquement occidental ou moderne de ce type de don. Rappelons que Bouddha, Sénèque, Mahomet, Jésus, le bon Samaritain ne sont pas spécifiquement modernes. Ni tous occidentaux. L'altruisme est la forme moderne de la charité. « Cette charité froide qu'on nomme l'altruisme », disait Anatole France. Ce qui est spécifiquement moderne, c'est la sécularisation du don aux étrangers. Mais jusqu'à quel point le don aux étrangers s'est-il émancipé de la religion dans les faits ? Et en quoi ce don sécularisé diffère-t-il du don religieux ou spirituel ? La plupart des recherches empiriques sur les organismes du tiers secteur fondés principalement sur le don arrivent à la conclusion que la religion et plus généralement la spiritualité demeurent omniprésentes dans ces milieux [Godbout, 1990 ; Wuthnow, 1991].

Il convient également de rappeler que l'altruisme existe aussi dans les sociétés animales [Jaisson, 1993 ; Stark, 1995 ; de

Waal, 1995]. L'explication proposée est généralement d'ordre génétique et fondée sur l'intérêt. À ce niveau, les sociobiologistes en sont encore à chercher pourquoi les jumeaux monozygotes ont plus tendance à coopérer que les jumeaux hétérozygotes [Jaisson, 1993 p. 277]. À ce rythme, on peut attendre longtemps avant qu'ils en arrivent à rendre compte du don entre inconnus chez les humains, don capable de circuler entre des étrangers qui habitent à des milliers de kilomètres les uns des autres, qui ne se rencontreront jamais et dont le patrimoine génétique n'a évidemment rien de commun — sauf l'appartenance à l'espèce humaine.

En tout état de cause, ce type de don a-t-il malgré tout quelque chose à voir avec la circulation du don dans les réseaux primaires telle que nous l'avons présentée dans la première partie de ce livre ?

# 5

# Donner aux proches, donner aux étrangers

Avant de passer en revue les différences importantes entre les deux types de don, constatons d'abord — non sans étonnement — qu'il existe certaines similitudes et même certains rapports entre le don dans les liens primaires et le don aux étrangers, qui permettent d'affirmer que les liens primaires sont souvent à l'origine du don aux inconnus, comme nous allons le voir.

## Les proximités

Rappelons d'abord que, fondée sur l'interdiction de l'inceste, la famille repose fondamentalement elle aussi sur l'apport d'un étranger. À cause de cette règle, le noyau de la cellule familiale qui se constitue à chaque génération est nécessairement l'union de deux étrangers. Mais, plus concrètement, on peut observer des liens entre le don dans la parenté et le don aux inconnus. En fait une partie importante des dons aux étrangers sont suscités, provoqués, nourris, entretenus par le don aux proches ou, pour parler en termes sociologiques, par les liens primaires. Illustrons ce rapport entre les liens primaires et le don aux étrangers.

### *Les rituels*

Noël, cette fête rituelle du don aux enfants centrée aujourd'hui sur la famille, s'accompagne traditionnellement, et encore maintenant, de préoccupations particulières pour les « œuvres » aux plus démunis de la société. Pensons à la distribution de paniers de Noël, activité traditionnelle, mais qui prend de plus en plus d'ampleur dans les sociétés occidentales. Nombre d'organismes du tiers secteur deviennent particulièrement actifs au moment même où le don atteint ses moments les plus intenses dans les réseaux primaires, comme s'ils étaient vivifiés par ce qui se passe dans ces derniers. Les rituels de don dans la sphère de la convivialité peuvent même donner lieu à des événements spectaculaires qui déclenchent des dons importants aux inconnus. Dans un article original, Pollay [1987] parle à ce sujet d'excès (de type *potlatch*) et raconte le cas d'un individu aux États-Unis dont les décorations de Noël extérieures sont devenues avec les années tellement extravagantes qu'elles attirent des milliers de curieux. Ces derniers, lors de la visite, sont sollicités par l'auteur des décorations pour donner de l'argent pour une cause qui lui tient à cœur. Il recueille ainsi des sommes importantes. Le même phénomène se reproduit à l'échelle de l'Amérique du Nord au moment de l'Halloween. Un organisme comme l'UNICEF « profite » de ce rituel inséré dans les réseaux de voisinage communautaire pour élargir la circulation du don aux enfants du monde entier. Ce même organisme profite aussi de la fête de Noël pour vendre des cartes de Noël, d'où il tire une proportion significative de ses revenus.

À l'autre extrême, la mort d'un être cher donne lieu aujourd'hui à d'importants dons aux inconnus envoyés aux hôpitaux et aux différentes fondations qui se consacrent à la recherche médicale et au soutien des malades. Ces dons sont le plus souvent reliés à la personne décédée, et ce de différentes manières. Par exemple, des dons peuvent être faits à une cause qui était chère à la personne décédée. « Ne pas envoyer de fleurs, mais faire des dons à… », dit la formule consacrée.

### *Les motivations*

Mais ce n'est pas seulement au moment des rituels que s'établit un rapport entre liens primaires et don aux étrangers. Les liens primaires sont souvent une motivation importante, voire centrale pour rendre compte des dons faits à des inconnus. On donne à un hôpital parce qu'un proche y a été particulièrement bien soigné. Sans compter toutes les fois où l'on donne à une organisation parce que l'on y connaît quelqu'un, ou encore parce que l'on a des amis dans ce pays qui aujourd'hui fait face à un tremblement de terre et a besoin de dons...

Les études sur les motivations des donneurs de sang [Pilliavin, Charng, 1990; Titmuss, 1972] et de moelle osseuse vont dans le même sens. Le donneur type de moelle à un receveur inconnu est une personne qui connaît quelqu'un qui a (ou a eu) besoin de moelle, le plus souvent un enfant [Simmons, Schimmel, Butterworth, 1993]. Même dans un secteur comme la philanthropie d'entreprise, la plus éloignée du don primaire (et parfois même du don tout court, comme on le verra plus loin), on observe souvent des rapports avec le lien primaire. Ainsi le choix de la cause ou de la fondation qui va recevoir les dons d'une entreprise est influencé, certes, par les préoccupations de visibilité, d'image et en dernière analyse de rentabilité, mais aussi par le fait qu'un parent du directeur, ou encore les employés de l'entreprise, ont été aux prises avec le problème dont s'occupe cette fondation. Ainsi une entreprise va faire des dons à une fondation contre le diabète parce que plusieurs employés ou leurs proches ont été atteints de cette maladie. Une enquête auprès de 99 riches donateurs de New York conclut que ces derniers font leurs plus gros dons à des organisations dont certains membres entretiennent avec eux des rapports personnels d'amitié ou de confiance [Ostrower, 1996].

Enfin la tendance à la personnalisation symbolique des liens entre donateurs et donataires qui ne se connaissent pas est un phénomène connu. Autant l'institution bureaucratique a tendance à dépersonnaliser et neutraliser les rapports entre les individus, autant le don a inversement tendance à personnaliser les rapports, même les plus lointains — et même si de nombreux intermédiaires ne permettent pas que s'établisse un lien réel. Pensons à la photo de l'enfant qu'on aide et dont on est le « parrain » en Afrique... Il existe également au moins un lien symbolique personnalisé entre le receveur et le donneur d'organes, comme on le verra plus loin. Sous cet angle au moins, le don, même entre inconnus, n'est jamais vraiment comme un produit qu'on se procure sur le marché ou un service fourni par l'État.

### *Le lien primaire comme « bonne raison » de donner aux inconnus*

Ajoutons enfin que non seulement on trouve un lien primaire derrière le don aux inconnus, mais que ce lien primaire constitue une explication suffisante du don aux inconnus. Dans la littérature sur les motivations des donneurs à des inconnus, on considère comme une motivation importante et suffisante le fait que par exemple, un parent ait déjà eu besoin de sang. C'est dire que le lien primaire est considéré comme une « bonne raison » [Boudon, 1992] de donner, comme une explication satisfaisante du don à un inconnu. Ce qui montre bien par l'absurde que le don aux inconnus ne va pas de soi, qu'il a besoin de « bonnes raisons », à défaut de quoi il donne vite prise au soupçon, comme on l'a vu avec le don de rein.

En fait, ce rapport établi avec les liens primaires est une (bonne) raison de donner presqu'aussi forte que l'intérêt [Godbout, 1995]. L'intérêt individuel n'a pas besoin de justifications dans le secteur marchand, l'intérêt collectif n'a pas besoin de justifications dans le secteur public ; le don n'a pas besoin de justifications dans les liens primaires. Ce sont les trois principes qui fondent ces secteurs de la société. *Mais le don aux étrangers, lui, a besoin d'une justification.* C'est une différence essentielle avec les autres secteurs, différence qui explique la facilité avec laquelle on lui appliquera les principes des autres secteurs, surtout ceux du marché parce que, comme nous le notions en introduction, le principe marchand a aujourd'hui tendance à sortir de sa sphère normale et à envahir toutes les sphères de la société. Mais le principe étatique, le droit auront aussi tendance à envahir la sphère du don aux étrangers, comme on le verra dans le don d'organes. Pour cette raison, elle est toujours dans une sorte d'instabilité quant à ses principes fondateurs. Ses fondements ne vont pas de soi pour les acteurs sociaux. Ce qui la conduit à « emprunter » ses principes aux autres sphères.

Bref, tout en constituant une sphère autonome ayant ses propres règles, le don aux étrangers se nourrit constamment du lien primaire et il tend même souvent à « primariser » le lien entre donneur et receveur, au niveau symbolique, pour lui donner plus de force. Et la question qui se pose ici est la suivante : si le don se nourrit des liens primaires, s'il n'est pas pensable hors du registre du lien primaire, comment arrive-t-il à circuler entre des inconnus et avec tous ces intermédiaires ? Peut-on faire l'hypothèse que là où on n'arrive pas à « primariser » au moins symboliquement le lien donneur-receveur, le don à un inconnu n'est plus reçu comme un don ?

Ces considérations sur les similarités et les complicités entre le don dans les liens primaires et le don aux inconnus sont nécessaires car elles montrent l'importance de tenir compte du modèle relationnel propre aux liens sociaux primaires dans toute analyse du tiers secteur. On a souvent tendance à l'oublier, ce qui n'est pas sans conséquences pour l'analyse du tiers secteur. Mentionnons-en ici quelques-unes, sur lesquelles nous aurons l'occasion de revenir plus loin : projection sur le tiers secteur de catégories et de modèles relationnels qui s'y appliquent peu ; introduction dans l'analyse de modèles provenant du secteur étatique ou marchand, avec comme conséquence la tendance à focaliser l'attention sur les organismes les plus semblables à ceux des secteurs public ou capitaliste, ce qui, en retour, rend difficilement compréhensible la dynamique des organismes du tiers secteur les plus éloignés de la logique marchande ou étatique.

Mais l'importance de ces proximités ne doit cependant pas faire oublier que le don aux inconnus diffère à plusieurs égards du don dans la parenté et plus généralement du don dans la sphère des liens primaires. Insistons maintenant sur ces différences, et aussi sur les rapports que le don aux inconnus entretient avec le marché et l'État, des rapports très différents de ceux que les réseaux primaires entretiennent avec ces deux sphères. En effet on a vu dans la première partie que dans la parenté, le marché et l'État remplissent principalement un rôle instrumental[1].

## L'IRRÉDUCTIBILITÉ DU DON AUX ÉTRANGERS

Le don aux inconnus s'écarte des réseaux primaires sous de multiples aspects. Les plus importants ont trait à la nature de ce qui circule, au rôle qu'y joue la liberté, au rôle des

1. Voir aussi Godbout [1994] sur ce sujet.

intermédiaires et finalement au caractère unilatéral du don aux inconnus.

### *La nature différente de ce qui circule*

La nature de ce qui circule est différente. À deux titres : d'abord parce que ce sont surtout des services et de l'aide qui circulent, et ensuite parce que la présence de l'argent est incomparablement plus importante que dans les liens primaires.

• *Le poids de l'aide et du service* — Dans le don aux étrangers, les catégories du cadeau et de l'aide utilisées pour analyser la circulation du don dans la parenté s'appliquent moins. Même si le cadeau n'est pas absent, le don aux étrangers est centré sur un type de don : l'aide. Objets, services, hospitalité circulent sous la forme de l'aide. Ainsi l'hospitalité s'applique évidemment aux étrangers. (L'accueil d'un étranger par une société constitue d'ailleurs un magnifique cas de figure où tous les secteurs jouent leur rôle, indispensable : État, marché, liens primaires, organismes du tiers secteur [Godbout, 1997; Gotman, 1997].) Mais cette hospitalité prend le plus souvent la forme de l'aide.

• *L'importance de l'argent* — L'aide peut certes être apportée directement par le donateur au donataire sous forme de service; mais, de fait, elle passe souvent par l'*argent*. En fait ce qui circule le *moins* comme don dans les réseaux primaires, et aussi le plus difficilement à ce titre, est ce qui circule le *plus* dans le don aux inconnus. Et ce, même si le receveur, lui, reçoit rarement de l'argent directement.

Il est en effet toujours difficile de faire circuler de l'argent directement à un receveur dans le don, même dans le don aux étrangers comme le montre l'aumône. Même lorsqu'il y a un intermédiaire, c'est sous cette forme que le don est le plus difficile à recevoir, le plus humiliant. Une responsable ayant de nombreuses années d'expérience dans le domaine du bénévolat différenciait ainsi le don d'argent et de biens du don de services :

> « Lorsqu'on donne de l'argent ou des biens sous forme de dépannage alimentaire par exemple, au début la honte est le sentiment qui domine le receveur. Mais rapidement, il adopte une attitude où

les droits l'emportent, et il devient alors exigeant. Alors que dans le don de temps sous forme de service, c'est différent. C'est plus engageant pour celui qui donne, et donc plus risqué ; et donc moins humiliant pour le receveur. Dans le dépannage alimentaire ou monétaire, le bénévole n'est qu'un intermédiaire. Mais en rendant un service, le bénévole est plus vulnérable. Il peut être atteint par le bénéficiaire. Ce dernier a prise sur lui. Le donneur ne peut pas être aussi extérieur à son don que dans le don d'argent, ou de vêtement (d'objets en général). La réciprocité commence quand on se touche. C'est très important. Ceux qui font de l'accompagnement de malades, ils se touchent, et il se passe quelque chose entre eux. Le don d'argent et le dépannage alimentaire, c'est ce qui est le plus difficile autant pour le donateur que pour le donataire. »

On passe du don d'objet (l'argent étant le cas limite) au don de temps (services), au don d'espace (hospitalité). Il y a une sorte de *continuum*. La quantité de don de soi nécessaire en passant du don d'argent au service personnel et à l'hospitalité est croissante. Et inversement : plus on se rapproche du don d'argent, plus augmente la possibilité de ne pas être là quand on donne, de ne pas s'exposer.

### *Une liberté accrue*

On a vu que le don dans la famille est de moins en moins vécu comme une contrainte. La liberté constitue, pour les membres de la société moderne, la caractéristique essentielle d'un « vrai » don. Qu'en est-il dans le don aux étrangers ? On y constate une évolution similaire à celle du don dans la parenté : du sens du devoir et du sacrifice des dames patronnesses au plaisir et à la liberté des bénévoles d'aujourd'hui. La liberté est aujourd'hui une valeur omniprésente et essentielle dans le bénévolat. Ainsi les documents de la Fédération des Centres d'action bénévole du Québec définissent le bénévolat comme un « acte libre et gratuit ». C'est aussi principalement par cette caractéristique que les bénévoles tiennent à distinguer leur action de celle des agents de l'État [Wuthnow, 1991].

Mais si la liberté est une valeur essentielle dans les deux secteurs, elle présente une différence majeure. Dans le don aux étrangers, la liberté contient une dimension importante de non-engagement dans la vie de ceux qu'on aide — qu'on ne connaîtra le plus souvent jamais. Libre signifie donc aussi ici non responsable, avec les inconvénients et les avantages que cela comporte. La liberté dans le don aux étrangers se rapproche par là du système marchand, que Hirschman [1970] a justement défini par la facilité de sortir (*exit*) de la relation quand on le souhaite.

L'importance accordée à la liberté dans le don aux étrangers conduit à une vision de la solidarité qui n'est pas habituelle dans le tiers secteur. On considère généralement que la solidarité y est une valeur centrale, et même spécifique. Or la solidarité accorde une importance fondamentale à la responsabilité, et c'est pourquoi elle conduit à un système d'obligations qui peut s'opposer à la valeur de liberté essentielle au don. Le don et la solidarité ne sont pas équivalents. Certes une certaine solidarité est aussi libre que le don. Lorsque, pour stimuler l'emploi, quelqu'un achète un produit fabriqué dans son pays plutôt qu'un produit d'importation, il accomplit un geste libre de solidarité. Mais si l'État, au nom de cette même solidarité, l'oblige un jour à acheter les produits nationaux en fermant ses frontières, ou impose des taxes sur les produits étrangers telles que le consommateur est fortement incité à acheter les produits locaux, il est de moins en moins libre, et son geste ne peut plus être considéré comme un don. La solidarité tend à devenir une obligation.

Parce que le receveur est nécessairement collectif, la solidarité est la forme de don qui tend le plus facilement à être assumée par l'État. On pourrait peut-être même définir la solidarité comme un type de don dont le receveur est nécessairement collectif. Certes, lorsqu'on oppose le comportement de solidarité à celui du *free rider* [Olson, 1965] comme on a l'habitude de le faire, c'est la dimension altruiste du geste qui est mise en évidence. Mais la solidarité est motivée par l'appartenance à un groupe, et non par un sentiment à l'égard du receveur, individuel ou collectif, mais du groupe duquel on ne fait pas nécessairement partie. Dans la solidarité, l'appartenance l'emporte sur l'altérité. C'est pourquoi la solidarité peut être considérée comme une sorte d'égoïsme collectif, et à ce titre, comme différente du don. « La solidarité est tout échange d'un bien présent, individuel ou collectif, contre un bien futur, nécessairement collectif », écrivait R. Maunier[2] en 1909. Et A. Guéry [1983] a montré comment historiquement on passe du don à l'impôt, de la liberté à la contrainte au nom de la solidarité.

La liberté du don aux étrangers risque d'être affectée par le contexte actuel où l'État veut, au nom de la solidarité, faire jouer de nouveaux rôles aux organismes fondés sur le don aux étrangers. Il tend à les mettre dans une situation où la liberté du geste est menacée dans la mesure où il veut leur confier, notamment dans le secteur des politiques sociales, des rôles qui relèvent du devoir de solidarité collective. Nous reviendrons plus loin sur ce thème, et sur les conséquences du passage du don à la solidarité.

### *L'intervention des intermédiaires. L'exemple du don d'organes*

Abordons maintenant une autre caractéristique fondamentale, plusieurs fois mentionnée déjà : l'importance, dans le don aux inconnus, des *intermédiaires* qui font circuler le don entre le donneur et le receveur (professionnels, fonctionnaires, salariés en général, mais aussi bénévoles). Cette caractéristique rapproche aussi le don aux étrangers du marché et de l'État. Une première distinction importante est à faire entre les intermédiaires qui interviennent dans l'esprit du don (les bénévoles) et les autres, dont l'action est régie par d'autres principes (idéologie professionnelle, rapport salarial, profit).

Le nombre et le poids des intermédiaires font que nous sommes là en présence de la différence la plus grande entre le don dans les réseaux primaires et le don aux inconnus, même si le don aux étrangers peut exister sans intermédiaire comme on l'a vu (*cf.* le don du Samaritain, le don au mendiant), et même si souvent les intermédiaires jouent un rôle secondaire ou instrumental comme dans les groupes d'entraide. Mais dans les réseaux primaires, il n'y a pas d'intermédiaires — ou alors ils tendent à être purement instrumentaux dans la chaîne du don. Alors que pour une part importante du don aux inconnus, l'omniprésence des intermédiaires conduit à une situation où le marché, l'État

2. Cité par Fournier [1995, p. 64] ; voir aussi Hottois [1992], Comte-Sponville [1995].

et le don sont en tension permanente et en quelque sorte en concurrence, et cherchent chacun à s'imposer comme principe dominant.

Prenons le don d'organes et voyons comment s'y joue la logique de l'État, puis la logique marchande, sans pour autant éliminer le don, mais avec la conséquence qu'il n'y a pas de norme commune à tous les acteurs.

• *La logique de l'État* — En fonction des principes qui régissent la sphère publique (la logique des droits et de l'égalité), l'État aura tendance à rendre le don d'organes obligatoire au nom de la solidarité, et par voie de conséquence à supprimer le don. Le don d'organes permet de voir comment la solidarité est un principe qui appartient tout autant au système étatique qu'au système du don ou du tiers secteur. Ainsi en France (et c'est aussi le cas de plusieurs pays européens), légalement, les organes d'une personne ne lui appartiennent pas; ils sont en quelque sorte un « bien collectif », et c'est pourquoi il appartient à l'État d'en faire usage en vue du bien commun.

Le principe de solidarité est plus important que le principe de liberté propre au don. C'est pourquoi on y applique ce qu'on appelle le « consentement présumé » : les citoyens français sont considérés comme des donneurs s'ils n'ont pas manifesté explicitement leur refus de donner. Certes, une certaine liberté demeure puisque chacun a le droit de refuser de donner ses organes, pour peu qu'il ait rempli les formalités nécessaires. Mais il semble que ce « droit » soit mal connu puisque 80% des Français ignorent les dispositions de la loi sur les prélèvements d'organes [Bert, 1994, p. 23]. En outre, la liberté se limite à choisir de ne pas donner — et on ne peut pas choisir de donner (ou même choisir de ne pas choisir...).

Ce principe du consentement présumé ne fait certes pas l'unanimité : « La majorité des Français est opposée au consentement présumé » [Carvais, 2000, p. 66]. Il est intéressant de voir au nom de quoi il est contesté dans la perspective de comparer le don dans les liens primaires et le don aux inconnus. Aux États-Unis, c'est le principe de la liberté du donneur (de faire usage de son corps) qui est mis en avant, alors qu'en France, c'est le non-respect de la famille du défunt qui est dénoncé. « Les organes du corps sont possession familiale. L'idée de les transférer à cet organisme impersonnel qu'est l'État [...] ne coule pas de source » [Caillé, 1993, p. 168]. Le principe de la lignée, le lien primaire, vient remettre en cause ceux de la liberté et de la solidarité sociale. On cherche à renouer en quelque sorte avec la valeur sacrée du corps du défunt, sa signification pour les proches. Le don veut être vertical avant d'être horizontal : la décision de donner devrait revenir à la famille par respect de la valeur symbolique qu'elle accorde au corps du défunt. C'est la famille qui, par solidarité, choisit ensuite de le donner à la communauté. C'est d'ailleurs ce qui se fait en pratique. Le don dans les liens primaires est considéré par la majorité des Français comme prioritaire par rapport à l'obligation de solidarité envers les inconnus. Ce dernier principe est au contraire préféré par les intermédiaires professionnels qui cherchent à accroître le nombre d'organes disponibles.

On le voit, aucun principe ne domine vraiment le don d'organes capable de forger ce que nous avons appelé une norme de référence admise par tous les acteurs du système — comme le don dans la parenté, le profit ou l'équivalence dans le marché, ou encore l'égalité dans la sphère publique. C'est souvent le cas dans ce qu'on appelle le tiers secteur. Mais pas toujours. Certains organismes appartenant à ce secteur ont le don comme règle de référence (comme les Alcooliques anonymes — *cf.* plus loin), d'autres l'égalité et la solidarité, mais sans la contrainte étatique. Mais aucun ne peut être dominé par le profit (ils sont *non-profit* de constitution), ce qui n'exclut toutefois pas sa présence comme on va le voir.

• *La logique marchande* — Si la logique de l'État tend à exclure la liberté du don au nom de l'obligation de solidarité, la logique marchande, elle, tend à éliminer le don en transformant tout en marchandise. Dans le don d'organes, cela consistera par exemple à essayer de fabriquer un cœur artificiel et à le commercialiser pour faire du profit, ou à avoir recours à la xénogreffe. Faute d'avoir réussi jusqu'à maintenant dans ces tentatives, on considérera les organes humains comme des objets dont chacun peut disposer et qu'il peut vendre au plus offrant. Tout doit être produit, rien ne doit être donné.

Les intermédiaires, marchands, ou professionnels, tendent donc à insuffler leur état d'esprit propre (marchand ou professionnel) dans la circulation des organes, et à faire en sorte qu'ils ne circulent pas comme dons. Ainsi les professionnels qui gravitent autour du greffé tendent à lui inculquer l'idée que le cœur qu'il a reçu n'est rien d'autre qu'une « pompe », afin de minimiser les conséquences négatives du don (nous reviendrons sur cet aspect plus loin). Cependant, il y a des circonstances où les intermédiaires jouent un rôle positif, notamment vis-à-vis du donneur. Pensons au cas du don de rein où les médecins s'assurent de la liberté du donneur par rapport aux pressions du réseau de parenté... Les intermédiaires se comportent alors comme les gardiens de l'esprit du don. Mais le plus souvent, ils agissent au contraire comme des convertisseurs du don en marchandise ou en droit.

### *Un don unilatéral et non réciproque*

On ne donne plus à des étrangers pour gagner des indulgences et aller au Ciel. C'est l'une des conséquences importantes de la sécularisation du don aux inconnus : on ne peut plus le soupçonner d'être intéressé. Comme le dit Dufourcq [1995, p. 258] à la fin d'un article qui décrit cette évolution, les faits n'accusent plus le don aux inconnus. Il s'agit là d'une autre grande différence avec le don dans les liens primaires : le don aux inconnus est comme par définition *inconditionnel* au sens où il ne pose pas de condition de retour. Personne ne s'attend à retrouver un équilibre, une équivalence entre donneur et receveur dans le don aux inconnus, alors que c'est pourtant, la plupart du temps, le postulat (souvent implicite) des travaux sur le don. Il ne serait d'ailleurs pas étonnant que ceux qui ont peur de se faire avoir en donnant y voient là un avantage : comme on attend rien du receveur, le risque est beaucoup plus faible de se faire avoir par lui. Le risque est en fait déplacé en amont, au niveau des intermédiaires (risque de détournement des fonds, etc.). L'intermédiaire sert de paravent au receveur.

Alors que dans la parenté nous découvrions le faible degré de réciprocité comme quelque chose d'étonnant par rapport à notre image habituelle d'un réseau de parenté, ce faible degré de réciprocité fait ici partie des conditions de base du système.

Mais selon les principes énoncés en introduction, pour interpréter tout comportement de don, il est nécessaire de le situer dans son contexte relationnel, et d'abord de se demander dans quel esprit le geste est posé. En procédant ainsi, on constate alors souvent que, même s'il n'y a pas de retour visible, la plupart du temps le geste se situe dans un contexte où le donneur donne parce qu'il considère avoir beaucoup reçu [Wuthnow, 1991]. Il rend en partie ce qu'on lui a donné, ou il donne à son tour. En outre, dans le bénévolat notamment (mais aussi dans le don d'organes comme le montrent Fox et Swazey, 1992), les donneurs affirment couramment recevoir beaucoup plus qu'ils ne donnent. Quant au receveur, qu'est-ce qui permet de conclure qu'il ne souhaite pas rendre, donner à son tour ? Qui dit qu'il ne le fait pas ? Il existe d'innombrables recherches sur le tiers secteur, le bénévolat, les motivations de ceux qui donnent, mais presqu'aucune ne concerne ceux qui reçoivent ces dons, l'esprit dans lequel ils le reçoivent et leur désir de rendre…

C'est pourquoi nous consacrerons un chapitre à cette question essentielle pour comprendre la dynamique du cycle du don et les bonnes raisons de ne pas donner. C'est la question de la dette qui se pose : comment se vit la dette par comparaison avec les liens primaires ? Quelle est l'importance de rendre quand on a reçu, même d'un inconnu ? Comment s'appliquerait le concept d'endettement positif ici, par comparaison avec ce qu'on a constaté dans les réseaux primaires ? La dette vécue négativement serait-elle caractéristique du don entre inconnus, comme le laissent entendre certains auteurs ? Cette difficulté est souvent relevée, notamment dans la littérature sur le don d'organes [Desclos, 1993] et elle explique en partie l'anonymat qui est souvent la règle dans ce secteur. On lui doit beaucoup, c'est un étranger, et qui sait ? il pourrait vouloir en profiter. Encore une fois les intermédiaires jouent un rôle de protection du receveur. Grâce aux intermédiaires, le donneur peut rester inconnu du receveur. Mais dans d'autres cas, comme les services personnalisés donnés par les bénévoles, le donneur est nécessairement connu et un lien quasi primaire s'établit. L'intermédiaire joue ici aussi un rôle en évitant que le receveur ne fasse lui-même la demande. Le bénévole offre ses services et l'intermédiaire oriente cette offre vers des receveurs, diminuant ainsi la dette, et rendant aussi la relation plus conforme à une règle du don déjà observée dans les rapports de parenté : se faire offrir plutôt que demander. Ajoutons enfin que, sous cet angle de l'unilatéralité, le don aux inconnus se rapproche par ailleurs du don le plus important dans la parenté : celui qui passe d'une génération à une autre, la transmission intergénérationnelle, et même la transmission de la vie pour le don d'organes — avec toutefois une différence essentielle : le donneur, le plus souvent, ne doit pas être vivant.

La description des principales différences entre le don primaire et le don aux étrangers va permettre d'aborder les rapports entre le don aux étrangers et le tiers secteur. Fondé en principe sur le don unilatéral, ce type de don est de plus en plus influencé — et parfois même envahi — par le principe marchand, de multiples façons selon les domaines. Contrairement à la parenté, souvent plusieurs principes s'y affrontent, et aucun ne parvient à constituer une norme reconnue par l'ensemble des acteurs. Il s'agit là d'une différence *essentielle* entre le don dans les liens primaires et le don aux étrangers. Cet univers du don « pur » dont parle Malinowski est donc par ailleurs très imbriqué dans des systèmes tout à fait étrangers au don. Comment le don y survit-il ? La comparaison avec le don dans les liens primaires a permis de faire ressortir certains traits du don aux étrangers. Une telle analyse peut-elle aider à mieux comprendre les relations entre les trois secteurs ?

# 6

# Don aux étrangers et tiers secteur

Que nous apprend le fait de partir des réseaux primaires pour aborder le don aux étrangers et le tiers secteur ? Est-il possible, grâce à cette approche, d'apporter un nouvel éclairage sur ce dernier ? Des sociologues italiens comme Donati et Colozzi [1995, p. 66] critiquent avec raison l'approche qui consiste à appliquer au tiers secteur les catégories de l'État et du marché. La plupart des analystes considèrent que le marché et l'État représentent la façon *normale* de faire circuler les biens et les services ; et un auteur comme Seibel affirme qu'aucune théorie économique n'arrive à expliquer pourquoi ce n'est pas le marché qui intervient quand l'État ne peut pas et inversement, puisque le tiers secteur n'est de toute façon ni efficient ni efficace [Colozzi, Bassi, 1995, p. 61]. La question a le mérite d'être clairement, voire brutalement posée. Mais mal posée selon nous parce qu'elle définit le tiers secteur dans les termes des deux autres seulement.

## Pour une autre approche du tiers secteur

À juste titre, un certain nombre d'auteurs souhaitent un renversement de perspective, et en appellent même à « un changement de paradigme » [Colozzi, Bassi, 1995, p. 65] en mettant sur le devant de la scène le tiers secteur et en tentant de le comprendre à partir de la société et non à partir du marché (ou de l'État). En partant de ce qui circule dans les liens primaires, et en le comparant au don entre étrangers comme nous venons de le faire, nous pensons nous situer dans cette perspective. Un tel point de départ peut-il contribuer de manière inédite ou spécifique à la compréhension de ce qui se passe dans ce secteur que Donati [1993] désigne par l'expression de « privato sociale » ?

Un premier apport nous paraît résider dans le fait que nous n'utilisons pas les catégories et les concepts du marché et de l'État pour circonscrire et analyser le tiers secteur. Autrement dit, nous ne le considérons plus comme un « tiers » secteur, mais comme un lieu où quelque chose circule au sein de relations sociales spécifiques. Il ne s'agit plus de le différencier du marché et de l'État à l'aide de concepts appartenant à ces univers mentaux. Cette démarche devient secondaire. C'est la sphère des liens primaires qui devient le point de départ de l'analyse, à rebours des cadres d'analyse les plus courants où les concepts liés au marché et à l'État sont omniprésents et les phénomènes liés à la sphère des liens primaires traités au contraire comme des aspects tout à fait marginaux.

Parce qu'elles ont pour point de départ les modèles marchand et étatique, les analyses du tiers secteur sont centrées sur l'organisation de la production et la relation salariale. Et c'est à partir de ces catégories que Siebel en conclut que le tiers secteur n'est ni efficient ni efficace. Mais les catégories d'offre et de demande, d'organisation face à un environnement, sont des catégories propres à l'État et au marché. Non seulement elles ne s'appliquent pas au tiers secteur dans ce qu'il a de spécifique, mais ce fait même constitue peut-être bien justement une spécificité de cette sphère sociale. Car ce secteur émane de la communauté. Or le modèle communautaire ne connaît pas la rupture producteur-usager à l'origine des modèles marchand et étatique. En conséquence, des catégories telles que l'offre et la demande dans le secteur marchand ou l'organisation et son public dans les appareils d'État y sont peu pertinentes [Godbout, 1987]. Ce n'est pas seulement l'*homo œconomicus* qui constitue une abstraction de la réalité sociale [Colozzi, Bassi, 1995, p. 65], mais aussi ces catégories de l'offre et de la demande sur lesquelles le modèle marchand est basé et d'où provient précisément son caractère abstrait. Le rapport communautaire est fondamentalement différent du rapport producteur-usager ou consommateur-producteur[1]. Et plus le couple producteur-usager s'applique à une organisation quelle qu'elle soit, plus cette dernière se rapproche de l'État ou du marché, même si elle n'en a pas toutes les caractéristiques et même si elle est mixte. On aura donc un *continuum* qui se situe à l'un des pôles très près des liens primaires où cette distinction est absente, et à l'autre au plus près du modèle étatique ou marchand.

Pour mettre en évidence les potentialités d'une approche par le don pour la compréhension de ce qui se passe hors du marché, de l'État et des liens primaires, reprenons à nouveaux frais quelques thèmes récurrents dans la littérature sur le tiers secteur.

## L'ÉVOLUTION SUPPOSÉE INÉLUCTABLE DU TIERS SECTEUR VERS DES MODÈLES CLASSIQUES D'ORGANISATION

L'observation des conditions d'apparition des organismes du tiers secteur permet de constater qu'ils naissent justement souvent dans un contexte communautaire, c'est-à-dire sans cette distinction entre producteurs et usagers. Mais on observe également qu'avec le temps, ils se transforment et abandonnent fréquemment ce mode de fonctionnement. La conclusion la plus courante tirée de ce constat est la suivante : le modèle communautaire est une phase transitoire, instable, volatile. Tout organisme communautaire qui atteint une certaine maturité organisationnelle tend nécessairement vers le modèle salarial, la bureaucratie et l'institutionnalisation d'une rupture entre producteurs et usagers — ou alors il disparaît. Déviantes, sortes de (petites) monstruosités dans la modernité[2], ces organisations sont vouées soit à disparaître soit à se transformer en organisations standard,

1. C'est peut-être pour cette raison qu'au Québec on désigne souvent le tiers secteur par l'expression « secteur communautaire ». Cette dénomination, peu fréquente au niveau international, me semble intéressante parce qu'elle met l'accent sur une dimension négligée par la plupart des analystes de ce secteur. Dans les noms donnés à ce secteur dans la littérature internationale, on trouve *nonprofit sector, charitable sector, philanthropic sector, informal sector, third sector, independant sector, voluntary sector*, économie sociale, etc. [*cf.* Colozzi, Bassi, 1995, p. 17], mais pas cette dénomination de « secteur communautaire ».

2. À ce sujet, voir Seibel, cité par Colozzi et Bassi [p. 61].

marchandes ou étatiques/publiques. « La formalisation et la bureaucratisation seraient le destin inévitable de toute organisation » [Colozzi, Bassi, p. 155]. C'est une autre formulation de la loi d'airain de l'oligarchie énoncée par Michels au début du siècle [1914-1971].

C'est effectivement souvent ce qui se produit... Mais cette évolution ne signifie pas qu'elles soient déviantes. Pourquoi ? D'abord parce que ces associations contribuent à une détection précoce des problèmes, bien avant l'État. En outre elles trouvent des solutions *ad hoc*, qu'elles appliquent rapidement, alors que l'appareil d'État réagit beaucoup plus lentement et a toujours tendance à chercher « de grandes solutions pour de petits problèmes », comme nous disait un intervenant du secteur communautaire[3]. Corrélativement, le fonctionnement en réseaux de ce secteur lui donne une flexibilité, une souplesse et une capacité d'adaptation et d'innovation bien supérieures à l'appareil d'État, et le rend susceptible d'intervenir là où le marché ne trouve pas de demande solvable. En outre, ces organismes fonctionnent à un coût inférieur pour la société. Cet avantage conduit l'État, en période de crise, à confier à ces organismes des responsabilités et des tâches qui ne relèvent pas d'eux. Enfin ces réseaux détiennent une compétence spécifique, différente — et supérieure parfois — à celle des professionnels dans des domaines qui relèvent de la qualité du lien avec la personne aidée. Paradoxalement, cette compétence s'étend aussi du fait qu'ils vont au-delà du symptôme en agissant sur ce qui le produit. Il s'agit là d'une façon originale de faire de la prévention, très différente de celle de l'État et des institutions formelles qui ont tendance à appliquer des programmes généraux non directement liés aux personnes, alors que le bénévolat et l'entraide, en approfondissant le lien avec la personne, peuvent remonter aux causes individuelles et uniques du problème, et induire ainsi un changement global, au-delà du problème immédiat.

Toutes ces caractéristiques ont pour conséquence que même si une partie de ces institutions réticulaires finissent par devenir

3. Un exemple parmi tant d'autres : dans plusieurs régions du Québec, plusieurs années avant que les pouvoirs publics ne commencent à prendre conscience du problème, des parents ont mis sur pied des associations pour lutter contre le suicide des jeunes.

des institutions formelles ou par être absorbées par elles, d'autres naissent en permanence. En outre, il est faux de dire que le destin de *toutes* ces associations est la disparition ou la transformation en institutions formelles relevant du secteur étatique ou du secteur marchand. Les analystes sont portés à tirer cette conclusion parce qu'ils observent le tiers secteur à partir des institutions formelles et avec les catégories de ces dernières. Mais il y a des institutions qui, loin du marché et de l'État, poursuivent leur existence et se développent selon d'autres modèles. Tel est le cas des groupes d'entraide qui constituent une part importante des associations fondées sur le don entre étrangers. Ils sont généralement peu visibles et négligés par les autres acteurs. L'État s'intéresse beaucoup plus au bénévolat qu'aux groupes d'entraide, souvent pour des raisons immédiatement intéressées. Les médias en parlent rarement, ces groupes ne faisant pas appel à eux pour des collectes de fonds ou pour réclamer des subventions gouvernementales. Quant aux autres organisations du tiers secteur, surtout celles qui s'éloignent du système de don et adoptent un fonctionnement fondé sur le rapport salarial, elles ont tendance à s'en méfier.

Pourtant, leur importance est grande et leur fonctionnement digne d'intérêt. On ne dispose pas d'estimation globale du nombre de personnes impliquées dans des groupes d'entraide. Mais une enquête conduite aux États-Unis permettait de conclure que les dix organisations d'entraide les plus importantes rassemblaient environ un million de personnes [Romeder, 1989, p. 2]. Les groupes d'entraide interviennent dans les problèmes sociaux les plus graves de la société actuelle : alcoolisme et toxicomanies en tous genres, dépressions, violences, situations de crise, malades en phase terminale… Et actuellement ce sont eux qui défendent les droits des personnes atteintes du sida et leur apportent soulagement et réconfort. Ils forment souvent des réseaux très vastes dans de nombreux pays.

Ce qui circule dans ces réseaux, ce n'est souvent rien d'autre que la qualité du lien lui-même. Mais c'est souvent dans le lien que se trouve la solution du problème. Un des principes au cœur des groupes d'entraide est en effet que l'aide est thérapeutique — autrement dit, que dans le geste même d'aider les autres, on peut trouver une solution à ses propres problèmes. Ces groupes apparaissent d'ailleurs souvent suite à l'insuffisance des services publics et à la dépendance qu'ils créent vis-à-vis des professionnels et des institutions.

Examinons-les en regardant de plus près l'un d'entre eux, les Alcooliques anonymes (AA).

### *Le contre-exemple des Alcooliques anonymes*

Pourquoi choisir les Alcooliques anonymes ? Pour plusieurs raisons. Les Alcooliques anonymes sont considérés comme les premiers groupes d'entraide. Fondés en 1935, en croissance continue depuis ce temps, ils ne se sont jamais transformés en organisation bureaucratique. Ils comptent environ deux millions de membres à travers le monde [Brault, St-Jean, 1990, p. 9]. Ils constituent une source d'inspiration pour la plupart des groupes d'entraide qui se créent actuellement, même si ces derniers ne conservent pas toujours intégralement la philosophie des AA. Enfin, ils sont si efficaces que la plupart des institutions de désintoxication adoptent au moins en partie leur approche et que nombre d'entre elles s'en inspirent officiellement. Le secteur public est donc influencé par eux — sans qu'existe une tendance de ce dernier à les intégrer.

Or le modèle des AA est communautaire. Il repose sur le don et sur un refus radical de la différence entre producteur et usager qui se traduit concrètement par le principe suivant : l'alcoolisme est considéré par les AA comme une maladie incurable ; un membre des AA est donc toujours un alcoolique, mais un alcoolique qui ne boit pas. Que ce soit ou non scientifiquement exact n'est pas ce qui importe ici, mais plutôt le fait que, avec une telle conception de l'alcoolisme, aucune rupture n'est introduite chez les membres entre celui qui vient d'adhérer et celui qui est membre depuis 25 ans. Il n'y a pas d'un côté le malade, le client, et de l'autre celui qui est guéri, le compétent, celui qui sait ; il n'y a pas d'un côté le producteur et de l'autre l'usager. En ce sens les AA, comme tous les groupes d'entraide, reproduisent une caractéristique des liens primaires, un lien communautaire très différent du rapport marchand ou étatique. Les AA poussent ce principe très loin. Ainsi, un membre qui intervient dans une réunion doit toujours commencer en déclinant son identité (le prénom seulement) et en ajoutant « je suis un alcoolique ». Ce refus radical de la distinction producteur-usager qui est à l'origine historique du système marchand et étatique est au fondement de toute la sphère du don entre étrangers.

Les AA refusent toute interdépendance avec ces deux secteurs. En conséquence, ils se méfient de l'argent, quelle que soit sa provenance, et refusent tout argent provenant de l'extérieur, les dons des entreprises privées comme les subventions de l'État. Chaque groupe AA doit s'autofinancer. À la fin de chaque réunion, on passe le chapeau, en demandant toutefois aux personnes invitées (non membres) de ne pas donner ! Aucune publicité n'est faite. Le réseau mondial des AA s'étend autrement : en vertu du principe qu'un membre des AA doit aider un alcoolique. Loin de se diriger vers une structure bureaucratique, les AA ne cessent de s'en éloigner, puisque, si l'on en croit les seuls chiffres disponibles concernant le nombre de permanents salariés, le nombre d'employés par groupe AA a toujours été très faible et tend à diminuer constamment : d'après le *Manuel de services* des AA [p. 15], il serait passé de 1 pour 98 groupes en 1945 à 1 pour 391 groupes en 1961.

L'adhésion aux AA est très libre et ses conditions particulièrement simples. Pour devenir membre, il suffit d'accepter de ne pas boire pendant 24 heures. Aucune vérification n'est faite, seul le témoignage de l'individu compte. On peut entrer et sortir d'un groupe AA, changer de groupe, revenir à sa guise.

Les AA sont fondés sur le principe du don. Une personne qui accepte de devenir membre doit reconnaître qu'elle est alcoolique et qu'elle ne peut s'en sortir seule, que sa capacité d'en sortir lui viendra d'ailleurs, d'un don d'une force supérieure « telle que lui-même la comprend ». Une telle reconnaissance signifie que la personne rompt avec le narcissisme de l'individu moderne qui génère une confiance sans limite en ses capacités personnelles d'individu « indépendant et autonome ». (Selon plusieurs chercheurs, ce trait de personnalité tend à être amplifié chez l'alcoolique.) Reconnaître qu'on ne peut pas s'en sortir seul est la première étape à franchir. Suivent un certain nombre d'autres étapes que traverse un membre, et la dernière consiste à transmettre à un autre alcoolique ce don qu'il a reçu.

La transformation des personnes qui adhèrent aux AA est souvent spectaculaire et profonde. Elle va bien au-delà de la maladie qu'est l'alcoolisme. Un excédent lui est donné qui dépasse de loin le but immédiat. Nous l'avons observé, et avons également entendu des témoignages de membres, et aussi de leurs proches :

> « Ma mère a été sauvée par les AA. C'était une loque. Non seulement elle ne boit plus, mais sa personnalité est transformée. Elle est épanouie. Par exemple, elle qui craignait plus que tout au monde de parler en public, maintenant elle en éprouve un grand plaisir. »

Le contre-exemple des AA montre qu'entre l'État et le marché d'une part, les liens primaires d'autre part, des réseaux fondés sur ce que l'on a appelé le principe du don aux étrangers ont une place importante dans la société actuelle, et que ce mode de fonctionnement ne caractérise pas seulement l'étape initiale d'organisations vouées dans la société moderne à être absorbées par le secteur marchand ou étatique puisque cette organisation a plus de soixante ans. Et bien d'autres exemples auraient pu être présentés dans le secteur du bénévolat proprement dit.

Le passage à la sphère étatique ou marchande suppose une modification du lien social existant entre celui qui donne et celui qui reçoit le service. Il introduit une rupture entre les deux. Au contraire, dans les groupes d'entraide cette distinction tend à disparaître. C'est pourquoi ces groupes ne peuvent pas être absorbés par l'État. Plus ce qui circule se rapproche du lien lui-même, moins cette activité est susceptible d'être assurée par l'État ou le marché.

Ce cas de figure montre qu'en partant des liens primaires pour observer le tiers secteur, on évite de considérer comme anormale toute forme organisationnelle qui s'éloigne des organisations modernes de production fondées sur la distinction producteur-usager. Cela permet de focaliser l'attention sur des formes organisationnelles inédites, plus éloignées du modèle dominant.

## MUTATIONS DANS LE TIERS SECTEUR

Ce regard permet peut-être aussi de mieux identifier les potentialités de changement social dont ce secteur est porteur. De nombreux analystes du tiers secteur le considèrent comme le lieu d'où émergeront de nouvelles formes sociales inédites, et même la société de demain [Donati, 1996; Wolfe, 1989]. Mais il n'est pas facile de distinguer ce qui, dans le tiers secteur, relève de formes sociales traditionnelles, et ce qui au contraire est l'indice de l'avènement de nouveaux rapports sociaux. Par exemple, le mouvement associatif n'est pas nouveau. On peut même penser qu'il était plus vivant avant l'expansion de l'État-providence qui en a absorbé une partie significative. Au Québec, avant d'être pris en charge par l'État et les professionnels, le secteur social a été assumé en partie par un important mouvement catholique laïc (Ligue ouvrière catholique, Jeunesse ouvrière catholique, etc.) fondé sur le militantisme et le bénévolat. Selon Jean-Pierre Collin [1991], ce mouvement portait un modèle de prise en charge des problèmes sociaux différent à la fois du modèle religieux antérieur et du modèle étatique-professionnel qui allait rapidement le supplanter. — Car ce secteur, dans ses aspects tant militants que bénévoles, a eu tendance à être absorbé par l'État ou par des bureaucraties toutes fondées sur le rapport salarial et sur l'idéologie professionnelle.

Quelle hypothèse est-il possible de formuler à ce sujet en partant du don dans les liens primaires ? Le tiers secteur est fondé sur la relation. Mais si on adopte comme point de départ les catégories du marché ou de l'État, le risque est grand de définir ces relations en y appliquant ces catégories, ce qui conduira à concevoir ces relations négativement. On définira, par exemple, les bénévoles comme du personnel non rétribué. Ce faisant, on introduit encore une définition négative de ce qui se passe en dehors du marché et de l'État, une définition par l'absence de quelque chose au lieu de le définir positivement comme dans le cadre du don aux étrangers, où le bénévolat réfère à un autre modèle, à une autre matrice que celle du rapport salarial et désigne la liberté du geste. Dans cette perspective, il importe donc de maintenir le terme de « volontaire » pour les désigner parce qu'il décrit les caractéristiques d'une relation sociale différente du rapport salarial, dans un paradigme relationnel général, alors que la catégorie « personnel non rémunéré » les définit dans des catégories étrangères à leur monde et les insère dans un autre modèle de relation sociale, celui du rapport producteur-usager, celui du contrat de travail qui a transformé une partie des activités humaines en rapports marchands.

Si, au lieu de faire l'hypothèse que le bénévolat est condamné à devenir une forme de rapport salarial, on s'intéresse aux mutations qui se produisent par rapport au bénévolat traditionnel, on peut alors se demander si ce qui est fondamentalement nouveau n'est pas la remise en question du rapport salarial lui-même et du travail. Mais pour le voir, il faut adopter un modèle qui parte vraiment de la relation sociale et non pas des catégories propres au marché et à l'État.

## LA QUESTION DE L'EFFICACITÉ DU TIERS SECTEUR

Pour les mêmes raisons, il est tentant — mais non sans danger — d'évaluer l'efficience et l'efficacité des organismes du tiers secteur avec les critères du marché et de l'État. Tentant, car l'évaluation est à la fois nécessaire et difficile. En effet, ce n'est pas parce que l'on se situe dans le tiers secteur que l'on peut être dispensé d'évaluation comme on le prétend souvent dans ce milieu rempli de bonnes intentions. Cela étant, est-il opportun d'y appliquer les critères et les méthodes d'évaluation propres au secteur marchand ou étatique ?

Prenons comme exemple le problème de la fiabilité d'un organisme. Parce que le rapport entre celui qui donne et celui qui reçoit n'est pas fondé sur un contrat ou sur un droit reconnu légalement, il est tentant de conclure que la fiabilité des organismes fondés sur le principe du don est nécessairement plus faible que celle des organisations fondées sur les principes marchand ou étatique, où le contrôle hiérarchique et bureaucratique assure une fiabilité qui manque souvent aux organismes régis par le don [Colozzi, Bassi, 1995, p. 136].

Mais même s'il n'y a aucun engagement contractuel de type salarial entre le bénévole et l'organisation intermédiaire ou le bénéficiaire, et aucun rapport hiérarchique entre le bénévole et l'organisation, doit-on en conclure que la fiabilité est nulle ? Oui, si on ne se réfère qu'aux mécanismes marchands ou étatiques qui assurent d'ordinaire la fiabilité. Mais si l'analyse se rapporte aussi aux modalités de la sphère des liens primaires, on découvre un autre modèle capable d'assurer la fiabilité, mieux peut-être que le lien hiérarchique ou le contrat : la force du lien lui-même, son intensité.

On a vu dans la première partie que le lien de parenté est défini comme inconditionnel par ses membres et qu'il est considéré comme étant le plus fiable de tous les liens dans la société actuelle. Pourquoi ? En raison d'aucune des garanties étatiques ou contractuelles marchandes — dont l'absence, si on analysait les réseaux familiaux avec ces catégories, devrait conduire à penser que le degré de fiabilité de ces derniers est faible —, mais à cause de la force intrinsèque du lien, qui est à la fois libre et obligatoire. Ne peut-on pas retrouver ce type de fiabilité dans le tiers secteur ? La question en tout cas mérite d'être posée, et le faire permet de voir comment partir des liens primaires peut améliorer la compréhension du fonctionnement du tiers secteur et éviter des erreurs d'appréciation à son sujet. On peut alors mieux comprendre, par exemple, pourquoi un membre des Alcooliques anonymes a une confiance telle en la fiabilité de l'organisme qu'il se dit assuré de pouvoir — s'il a envie de boire et a besoin qu'on l'aide — appeler quelqu'un où qu'il se trouve dans le monde et quelle que soit l'heure du jour ou de la nuit. Quel appareil étatique présente une telle fiabilité ?

Ce type de fiabilité n'exclut cependant pas les autres et ne va évidemment pas sans problèmes. Nous avons déjà relevé — en distinguant le don de la solidarité — que fondés sur une activité entièrement libre, dont on peut donc justement se libérer à tout moment, ces organismes ne peuvent pas remplacer les institutions fondées sur des obligations : obligations sociales comme dans la famille, obligations contractuelles et salariales comme avec l'État. Cette liberté a beaucoup d'avantages, mais ses limites sont évidentes : qui ferait dans une société ce que personne ne veut faire librement ? La famille et l'État demeurent donc indispensables pour les raisons même qui font tout l'attrait de cette sphère du don aux étrangers.

Dans toute évaluation du tiers secteur, on ne doit jamais oublier que cette forme de liberté ne peut exister que parce que, par ailleurs, il y a quelqu'un quelque part pour prendre en charge ceux que la liberté aura laissés pour compte. Dans la société actuelle, c'est l'État, appareil d'assurance et de garantie de services aux orphelins des liens sociaux, et la famille, réseau d'obligations beaucoup moins libres. Ces deux institutions demeurent fondamentales, comme toutes les recherches récentes le démontrent.

## L'ÉTAT ET LE TIERS SECTEUR. LE DÉNI DE CONFIANCE

Nous espérons avoir montré par ces exemples comment en partant du don dans les liens primaires, on peut contribuer à effectuer ce renversement de perspective que nombre d'auteurs appellent de leurs vœux pour appréhender ce lieu social polyvalent situé entre les liens primaires et l'État. Mais cette approche peut-elle être d'une aide quelconque pour mieux comprendre et — éventuellement améliorer — les rapports que l'État lui-même entretient avec les organismes du tiers secteur?

On sait que l'État subventionne de plus en plus de groupes et d'organismes, ce qui n'est pas sans poser un problème important, souvent au cœur des conflits entre les organismes communautaires et l'État : celui de l'évaluation. L'État considère qu'il ne peut pas ne pas évaluer ce qui se fait grâce à des fonds publics. Ce serait irresponsable. Mais on a vu que les modes d'évaluation des appareils ont tendance à être bureaucratiques et à ne pas respecter les façons d'opérer des réseaux sociaux. Les évaluations tendent à se limiter à des bilans quantitatifs (nombre de personnes rencontrées, etc.) souvent inadéquats pour une institution fonctionnant comme un réseau. Ce qui conduit certains organismes communautaires à refuser toute forme d'évaluation consécutive à un financement public, position injustifiable par ailleurs sauf si l'organisme peut démontrer qu'une telle évaluation existe en son sein et qu'elle est valable.

On cherche encore un mode d'évaluation qui tiendrait compte à la fois des exigences de l'appareil étatique et du fonctionnement des réseaux. Cette évaluation devrait varier selon la nature et les caractéristiques des réseaux. Plus ils se rapprochent du modèle de l'appareil, plus il est légitime de les évaluer comme tels. Et inversement : plus ils fonctionnent comme des réseaux, plus une évaluation administrative et bureaucratique peut se révéler inapplicable et entraîner des effets pervers. À la limite, il peut être justifié que l'État n'ait recours qu'à des évaluations *a posteriori* et se fie entièrement au réseau social et aux obligations mutuelles que ses membres se reconnaissent.

Le cas du réseau familial permet de concrétiser cette idée, car c'est précisément ce qui s'y fait. À cet égard, la famille bénéficie d'un statut privilégié. À la différence des autres réseaux sociaux de type communautaire dont nous venons de décrire les difficultés d'évaluation face à l'État bailleur de fonds, la famille est la seule institution à posséder une légitimité telle que l'État ne ressent pas le besoin d'évaluer les résultats, de vérifier que l'argent distribué (allocations familiales, assistance sociale, etc.) a bien atteint sa cible (par exemple les enfants dans le cas des allocations familiales). Il ne vérifie que l'éligibilité, jamais la façon dont l'argent est dépensé. Pourquoi ? Parce que l'État considère la famille comme un réseau social au sens le plus fort du terme, celui dont la solidarité transcende les individus. L'obligation familiale — surtout celle des parents vis-à-vis des enfants — est encore perçue comme un lien auquel on peut faire confiance, un lien fiable qui ne nécessite pas de vérification bureaucratique (à part celle de s'assurer que l'État lui-même n'est pas trompé par des bénéficiaires qui ne seraient pas des ayants droit), fiable au point qu'il n'y a pas lieu de vérifier que l'argent ne soit pas détourné à l'intérieur même du réseau à qui on le donne. Ce type de légitimité a pour conséquence que l'État fait confiance sans exiger d'évaluation, sauf exception et *a posteriori*. Il ne viendrait pas à l'idée du gouvernement de demander à une mère de famille un rapport annuel faisant état des dépenses effectuées grâce à ses allocations familiales, comme il le fait pourtant couramment avec les organismes du tiers secteur[4]. Le fait de pouvoir se dispenser de ces évaluations constitue un grand avantage,

4. Ce n'est pas parce que l'État ne se soucie pas de l'usage qui en est fait. Au contraire. Rappelons à cet égard le grand débat qui a eu lieu au Québec sur les allocations familiales au moment où le gouvernement fédéral mettait en application ce programme : à qui allait être envoyé l'argent ? La petite histoire raconte que ce débat aurait entraîné un triple changement d'adressage des enveloppes ! Finalement, le mouvement des femmes de l'époque l'a emporté, et les chèques ont été adressés à la mère et non au père. Retenons-en la raison : l'argument retenu fut qu'il y avait plus de probabilités que l'argent serve véritablement aux enfants si on adressait le chèque à la mère plutôt qu'au père. C'est donc le sentiment maternel, c'est-à-dire ce qui, au sein même de la famille, est le plus éloigné de la logique individualiste, qui a motivé cette décision.

autant pour la famille que pour l'État. On limite la bureaucratie, et également la possibilité de rapports conflictuels entre l'État et le réseau social. Or, cet avantage procède précisément du fait que la famille n'est pas ici considérée comme un appareil, mais comme un réseau autogéré auquel l'État peut globalement faire confiance en faisant confiance à une seule de ses composantes. C'est ici la *différence* elle-même entre l'État et la famille qui facilite les rapports entre l'État et le réseau social, et non pas la ressemblance.

Cela vaut pour les réseaux primaires. À l'autre extrême, pour les organismes du tiers secteur dont le fonctionnement s'apparente plus à celui des appareils ou du réseau marchand, il n'est pas question pour l'État de se fier aux obligations internes qui naissent des liens entre les membres du réseau. Car le fonctionnement de ces organismes repose souvent sur une rupture avec le milieu et sur des liens d'obligation beaucoup plus faibles, une situation qui rend l'évaluation d'autant plus nécessaire. Il est certain que plus les réseaux sociaux se transforment, sous l'effet notamment des subventions publiques elles-mêmes[5], plus ils deviennent passibles d'une évaluation bureaucratique, avec tous les problèmes que cela entraîne.

Mais il existe ici aussi une alternative à cette évaluation : on peut utiliser les mécanismes démocratiques comme moyen pour responsabiliser les organismes communautaires et comme condition pour établir un rapport de confiance qui diminue d'autant la nécessité d'évaluations tâtillonnes. Les mécanismes de la démocratie locale sont sans doute un passage incontournable pour le rétablissement d'un rapport de confiance entre l'État et la société dans tous les cas où on n'a pas affaire à des réseaux d'obligations primaires comme la famille. Tout un ensemble de groupes se situent dans une zone incertaine : subventionnés par l'État, fonctionnant sur la base du rapport salarial autant que sur le

5. Le fait même de financer un organisme induit souvent une transformation de ce dernier, et notamment de ses rapports avec la clientèle à cause de l'importance accrue des salariés que le financement public entraîne, une situation qui conduit l'organisme à s'éloigner des intérêts du milieu. Un lien salarial s'établit qui rapproche l'organisme communautaire, dans ses rapports avec sa clientèle, soit du modèle de la relation marchande, soit du fonctionnement des appareils dans leurs rapports avec leurs publics. Un tel type de rapport nécessite une évaluation.

bénévolat ou l'entraide, ces groupes jouent sur l'ambiguïté de leur statut pour ne pas avoir de comptes à rendre à qui que ce soit, pas plus à l'État qu'aux personnes à qui ils dispensent des services. Aussitôt que le rapport salarial devient la base du fonctionnement d'un organisme, la référence aux valeurs communautaires devient facilement un prétexte pour échapper à tout contrôle démocratique.

Comme principe général, on peut donc avancer que plus un organisme se situe près du pôle des liens primaires, plus c'est un réseau social intense et intégré dans la communauté, plus on peut s'y fier inconditionnellement et plus l'évaluation peut avoir lieu *a posteriori*. Mais plus il se rapproche au contraire de la structure d'un appareil, plus il faut des garanties, marchandes (on exigera l'autofinancement) ou démocratiques (on exigera des organes démocratiques de contrôle par la communauté).

## LE MARCHÉ ET LE TIERS SECTEUR : LE PROBLÈME DE LA PHILANTHROPIE

Comme l'a montré Karl Polanyi [1957], l'histoire du marché est celle de la façon dont il a extrait certaines activités des autres secteurs pour les rendre « auto-régulées » par la loi de l'offre et de la demande. Il triomphe aujourd'hui dans de nombreux domaines, et tend à « coloniser » plusieurs activités régies par le don aux étrangers. Contrairement à l'État qui tend à tout réguler, le marché se présente toujours comme un simple moyen au service des fins et des valeurs des agents sociaux. Mais il y a une contamination des rapports sociaux par la rationalité instrumentale aussitôt que cette dernière s'installe comme intermédiaire entre les donneurs et les receveurs. L'effet du mécanisme marchand sur le don est plus subtil, mais non moins important que l'influence de l'État. L'évolution actuelle de la philanthropie permet d'illustrer ce processus.

Le secteur marchand prend une importance croissante dans le domaine de la philanthropie, puisque les organismes philanthropiques confient de plus en plus à des entreprises (à but lucratif) l'une de leurs opérations les plus importantes : la collecte de fonds. On va même parfois jusqu'à rémunérer ces agences à la commission, ce qui n'est pas sans poser des problèmes éthiques que nous ne discuterons pas ici[6]. L'aide humanitaire elle-même n'échappe pas à cette tendance. Même si sur le terrain même du don humanitaire, on retrouve des volontaires — des donneurs[7]—, en amont le don humanitaire est aussi envahi par le marché.

> « Après avoir longtemps cru que la collecte de fonds n'avait pas besoin de professionnels, les associations sont de plus en plus nombreuses à déléguer à des agences de communication le travail de collecte. [...] Rémunération du collecteur de fonds à la commission, en honoraires, ou au pourcentage sur les frais techniques » [Hagendorf *et alii,* 1994, p. 17].

Pour trouver des donneurs, les organismes de bienfaisance font donc appel au moyen qui leur semble le plus efficace : l'appel aux entreprises commerciales. Il n'y a *a priori* rien d'inquiétant dans une telle opération, qui ne peut qu'accroître le nombre de dons et donc bénéficier, en final, aux personnes que ces organismes aident. Ce n'est qu'un moyen de plus pour atteindre une même fin. Il n'y a aucune raison de penser, à première vue, que l'introduction de ces agences puisse modifier les valeurs, la « philosophie » de la philanthropie elle-même. Pourtant, on constate que « l'esprit » du moyen tend à envahir l'ensemble du système. Voyons comment cela se traduit, déjà au niveau du vocabulaire, et surtout dans la manière même de concevoir le système du don philanthropique.

À la suite de cette utilisation instrumentale, le *vocabulaire* commercial et de type marketing envahit le monde de la philanthropie. À titre d'illustration : « Le marketing direct : outil de performance et d'évaluation [...] Il faut toujours penser marketing [...] le marché compétitif dans lequel nous évoluons [...] », *dixit* le programme de l'un des colloques annuels (colloque de 1995) du Forum québécois de la philanthropie, un organisme qui

---

6. Voir à ce sujet Linda Chateauneuf [1995, p. 6].

7. Ce sont les nouveaux missionnaires. À la différence des missionnaires, on ne donne plus toute sa vie, mais quelques années seulement. Les années de jeunesse (« les plus belles... ») en général. La retraite aussi (les années d'or ! ?). Les valeurs sont ici très importantes : religieuses ou spirituelles — ou encore la foi dans le développement (durable...).

réunit annuellement les principales associations philanthropiques et d'aide humanitaire au Québec…

Mais au-delà du vocabulaire, on constate que le don lui-même tend de plus en plus à être pensé selon le modèle marchand, ce qui conduit à un étonnant renversement. Comme l'affirme un journaliste, « le donateur devient un consommateur qui a un besoin de don à assouvir » [Jean Pichette, *Le Devoir* du 23.10.96], un *consommateur de causes*. Utilisant au départ l'entreprise commerciale simplement comme moyen, le monde de la philanthropie finit par intégrer le modèle de l'économie néoclassique, avec des consommateurs et des producteurs à la recherche de l'équilibre entre l'offre et la demande.

Comment se présente ce modèle, appliqué à la philanthropie ?

— Celui qui donne devient un consommateur de don, comme on vient de le voir. Il représente la demande.

— Il consomme quoi ? Quel est le produit ? Il consomme les différentes « causes » qui lui sont offertes par les agences spécialisées. Comme tout consommateur dans ce modèle, il choisit rationnellement la meilleure cause en fonction de ses préférences.

— Comme tout commerçant, les agences sont payées pour vendre ces produits que sont les diverses causes — et payées par les organismes de bienfaisance. Elles représentent les entreprises de production dans ce système. Mais en dernière analyse, elles sont payées bien sûr par les donneurs (les consommateurs de don) comme toute agence de publicité.

— Comme dans tout marché, nous sommes donc en présence de consommateurs, de marchands, d'entreprises de production. Mais où est l'offre ? la main-d'œuvre ? Qui produit l'offre ? L'offre, ce sont les différentes misères humaines : pauvreté, maladies, handicaps, catastrophes, épidémies, guerres, etc. Et ceux qui les subissent sont les producteurs de ces misères à soulager, à guérir, à nourrir, les producteurs de ces belles causes, producteurs de tremblements de terre, de jambes arrachées par les mines antipersonnel, etc.

Dans ce modèle ils se transforment en producteurs à la recherche de consommateurs (les donateurs) sur le marché du don, ils offrent de la misère à la demande de dons, et ils vont faire affaire avec des firmes pour établir le lien entre l'offre et la demande et présenter leur misère sous son meilleur jour (*sic*) pour l'adapter aux préférences des consommateur de don.

Et comme dans tout marché, certains produits ne seront pas achetés parce qu'ils ne correspondront pas à la demande et, toujours dans la logique de ce modèle, tant pis pour eux ! Ils n'avaient qu'à avoir une misère plus vendable, une maladie à la mode, ou alors choisir une firme plus efficace qui sache les mettre en valeur. L'*optimum* sera atteint si le marché fonctionne bien.

Ce n'est pas une caricature ! C'est exactement ce qu'affirme le président du Forum québécois de la philanthropie : « Chacune des causes doit se mettre en marché si elle veut recueillir des fonds. Ce n'est pas parce qu'on a une bonne cause qu'on va se vendre nécessairement » [*Le Devoir* du 23 octobre 1996].

Qu'est-ce qui pose problème dans cette vision de la philanthropie devant laquelle on ne peut que ressentir un certain malaise ?

Avant tout, il n'est pas inutile de rappeler que les souffrances que la philanthropie souhaite soulager sont précisément des problèmes que le marché a laissés de côté. C'est parce que ni le marché, ni l'État, ni les réseaux primaires des personnes en question n'ont pris en charge ces problèmes qu'on a recours aux organismes de bienfaisance. Ce sont tous ceux qu'on appelle les marginaux, et qui sont notamment en marge des institutions régies par le marché. L'appel au marché risque donc de produire le même résultat : marginaliser les plus démunis, les causes les moins à la mode, etc. — ce qui est d'ailleurs implicitement admis.

Mais, plus globalement, on constate que l'intervention des entreprises a pour effet de renverser la perception normale de « l'offre » et de la « demande » dans ce secteur. On ne considère pas habituellement ceux qui ont besoin de l'argent recueilli comme des offreurs, mais au contraire comme des demandeurs. Ce ne sont pas des « producteurs », mais des « consommateurs ». Leur souffrance n'est pas un produit, ne serait-ce que parce qu'il n'y a aucune décision de produire en vue d'un marché, ni aucune possibilité d'ajuster le produit à la demande. On ne peut pas cesser de produire une cause et se recycler dans une autre plus « demandée ».

Le premier problème, donc — et qui tombe sous le sens —, c'est que les causes ne sont pas des produits. Le besoin est d'abord là, il n'est pas produit, et il n'est pas du côté des donneurs (consommateurs de don), comme le présente ce modèle économique. Qui oserait dire à un sidéen ou à un Africain qu'il a produit sa maladie ou sa faim pour la vendre à un demandeur de don ? (Dans le don aux étrangers, seuls certains mendiants, probablement très minoritaires, définissent leur activité — la mendicité — comme un travail.)

Et le donneur n'est pas non plus un consommateur (« quelqu'un qui a un besoin de don à assouvir »). Ce n'est que métaphoriquement qu'on peut dire que le donneur cherche à maximiser son profit — et encore. Le sens de son geste, indépendamment des multiples interprétations possibles en termes de degré de gratuité, est d'offrir, non de consommer. Même si on applique analogiquement le modèle de l'offre et de la demande, le donneur se situe du côté de l'offre. Et c'est alors qu'apparaît la grande différence avec les situations habituelles où le modèle marchand s'applique : dans la philanthropie, le marketing s'adresse en fait à l'offre et non à la demande. D'où le renversement.

Tout découle de ce renversement. Dire que le donneur, c'est un consommateur, c'est appliquer le postulat de l'intérêt ; c'est indirectement dire qu'il donne dans le but de recevoir. C'est même affirmer que donner, c'est recevoir, au sens de consommer quelque chose, et c'est nier le don. En un sens, pour la première fois peut-être, le modèle marchand reconnaît le besoin de donner, mais pour le transformer aussitôt en autre chose qui convient mieux au modèle économique. Donner devient recevoir, alors qu'il s'agit de celui qui donne et fournit ainsi des ressources pour qu'un service soit rendu, pour qu'un produit soit offert. Le « consommateur », cela saute aux yeux, n'est pas le donneur ; c'est au contraire celui qui a besoin du service ainsi produit.

On voit que le modèle fin-moyen ne peut pas se passer du postulat de l'intérêt comme fin. Même quand on veut utiliser le modèle simplement comme moyen, il contamine la fin. Il a besoin que cette fin soit conforme au modèle de la rationalité instrumentale, que le donneur devienne un consommateur de don cherchant son intérêt, même si chacun sait que le geste de donner de l'argent à un inconnu pour une cause n'obéit pas à la logique de la consommation. (Cela peut se produire, bien sûr, comme il peut y avoir des détournements de fonds, mais ce n'est pas ce phénomène qui est discuté ici.)

En appliquant le modèle marchand à la philanthropie, on inverse les rôles. Pourquoi ? Parce qu'il n'existe pas de demande au sens strict. Dans une situation ordinaire de marché, l'offre est en principe illimitée, et on essaie d'accroître la demande le plus possible. C'est sur la demande qu'on joue pour écouler la production, et pour éviter la surproduction [Gouldner, 1989]. La publicité, le marketing s'adressent au consommateur et ont pour fonction de le convaincre de consommer. Mais dans la philanthropie, la demande est déjà là, et c'est elle qui est illimitée. On n'a donc pas besoin de la susciter ! Le producteur, c'est celui qui donne, et le consommateur c'est celui qui reçoit le don en fin de parcours. Or celui qu'on a besoin de convaincre ici n'est pas le consommateur, mais le producteur. Car la demande est là, et on ne peut pas utiliser un mécanisme marchand pour distribuer la ressource puisque, par définition, c'est une demande non solvable. Les consommateurs n'ont pas les moyens de payer puisque précisément, ils sont hors marché, ils sont le résultat d'une *market failure*, comme cela est généralement admis dans la littérature économique et la théorie néoclassique. Mais en revanche, il faut convaincre les donateurs. Pourquoi ? Parce qu'ils n'ont aucun intérêt à donner, à allouer des ressources à ce système, puisque c'est la définition même du don. Au lieu d'essayer d'ajuster la demande à l'offre, comme le marché le fait habituellement, on va donc jouer ici sur l'offre, tenter d'ajuster l'offre à la demande. Comme cette dernière est par définition ici illimitée, on tente d'accroître l'offre le plus possible — comme on tente habituellement d'accroître la demande le plus possible, l'offre étant alors potentiellement illimitée.

Il y a donc une importante différence par rapport au modèle marchand habituel. Dans ce cadre, le marketing s'applique toujours au rapport entre le marchand et le consommateur (le receveur) et il vise à convaincre le consommateur de consommer. Autrement dit, il vise la demande, alors que dans la philanthropie il s'adresse à l'offre ; il cherche à convaincre les gens de donner, il vise les « producteurs », ceux qui donnent de l'argent, et les bénévoles qui sollicitent ces derniers. Il ne se situe donc pas au même endroit dans la chaîne qui va du donneur au receveur. On est dans un système de don, et le receveur n'ayant pas à payer n'a pas à être convaincu d'acquérir. En fait celui qui reçoit n'a rien à dire[8] dans ce système qui se trouve à cet égard à l'opposé du système marchand où le consommateur doit être séduit, et convaincu de se procurer les biens qu'on a produits « pour lui ».

On retrouve une situation similaire dans le don d'organes. Le système s'adresse là aussi au donneur, à celui qu'on essaie de convaincre de donner ses organes. Du côté des receveurs, la demande est illimitée et la ressource est rare. Dans les deux cas, des organisations intermédiaires non marchandes procèdent à la construction sociale d'un besoin (demande) non solvable et sans limite, en croissance exponentielle. — Il y a cependant une différence importante : dans le domaine de la transplantation, en théorie on pourrait appliquer le modèle marchand, au moins partiellement; autrement dit, acheter la ressource à ceux qui voudraient la vendre, et la vendre au plus offrant. Ce serait techniquement possible. On ne le fait pas par principe (éthique).

Dans les deux cas, nous sommes devant une situation inédite pour le marché. Le problème du marché est généralement d'écouler des produits, et son angoisse, c'est la surproduction ; alors que nous sommes en présence d'un système où tout danger de surproduction est éliminé parce que la croissance de la demande est illimitée; le seul problème c'est que, non solvable, la demande, n'est pas une vraie demande au sens économique. Mais globalement, n'est-ce pas finalement le rêve de tout marchand et de tout producteur dans un système marchand?

## VERS UNE REDÉFINITION DU TIERS SECTEUR

Nous en arrivons ainsi à la vision suivante de ce tiers secteur situé entre les réseaux fondés sur le lien primaire, l'État et le marché :

— de l'État et du marché, il a la caractéristique d'être un rapport entre inconnus ou étrangers;

— des liens primaires, il a la caractéristique d'être fondé sur le don, et non sur l'intérêt (le profit) ou sur la hiérarchie;

8. Cette absence de pouvoir n'est pas sans effet pervers, le don étant reçu par des receveurs qui, souvent, n'ont rien demandé, en particulier dans le don humanitaire [Fairchild, 1996; Latouche, 1992, 1998]. Sur ce thème, voir le chapitre suivant.

— mais la liberté face à la relation est beaucoup plus grande que dans les liens primaires.

Par comparaison autant avec la sphère domestique qu'avec l'État et le marché, c'est donc une certaine liberté qu'il faut d'abord souligner. Le bénévolat et l'entraide sont des réseaux modernes fondés sur la liberté de celui qui donne comme de celui qui reçoit. On a vu avec quelle facilité on peut devenir membre d'un groupe AA, ou en sortir. Et tous les organismes de bénévolat insistent sur le respect de cette liberté du bénévole qui n'accepte que les obligations qu'il veut bien se donner. Par rapport aux liens familiaux ou même amicaux, il est beaucoup plus facile de se retirer de ce type de relation. Par comparaison à la sphère domestique, il faut également mentionner l'avantage inhérent aux liens avec des étrangers concernant des problèmes traités souvent avec un certain malaise dans la famille. Simmel [1987, p. 56] avait déjà remarqué, au début du siècle, que « c'est seulement à l'étranger que l'on fait les révélations et les confessions les plus surprenantes, qu'on livre des secrets que l'on cache précieusement à ses propres intimes ». La famille accepte souvent mal certains types de problèmes ou de situations. Cette fonction était antérieurement remplie par les prêtres ou les médecins. Les premiers ont disparu, les seconds n'ont plus le temps. On retrouve cet avantage dans les groupes œuvrant dans le domaine du sida, par exemple.

En abordant le secteur associatif comme situé sur un *continuum* entre ces deux pôles, plus ou moins près de l'un ou de l'autre selon les organismes, on met en évidence des expériences spécifiques qui ne se définissent pas à partir des catégories du rapport marchand ou étatique. En outre, on n'évacue pas de l'analyse les réseaux qui sont le plus près du pôle des liens primaires au profit des organismes qui sont le plus près du pôle étatique ou marchand. Autrement dit, on n'oublie pas les organisations (ou les réseaux) où la dimension *don* est plus importante que la dimension *étranger*.

On a souvent tendance à considérer qu'un tel découpage a l'inconvénient de centrer l'analyse sur des activités de plus en plus marginales, alors que ce qui serait *le plus significatif* dans le tiers secteur serait ce qui se situe le plus près du modèle des grandes organisations, tout en étant *non-profit* et non public. Et il est certes intéressant de s'interroger sur les différences existant entre un club automobile (*Automobile Club*) et une organisation visant le profit. Mais à condition de ne pas oublier qu'à l'autre bout du spectre, à l'autre pôle, il y a ces réseaux comme les AA, les organismes communautaires, les réseaux de parents contre le suicide des jeunes, etc., qui ne sont marginaux que dans une certaine approche de la réalité sociale.

Au Canada, selon *Statistique-Canada*, la valeur monétaire du travail non rémunéré (incluant le secteur des liens primaires et celui du don aux étrangers) représente 34 % du PIB. Après avoir longtemps diminué, la tendance s'est renversée [*Statistique-Canada*, 1995, p. 8-9]. On est passé de 26,1 % à 34,0 % du PIB entre 1986 et 1992. On ne peut douter de l'envahissement progressif des principes marchand, salarial, professionnel pour des activités et dans des secteurs antérieurement régis par le principe du don, comme l'a montré l'exemple de la philanthropie. Mais en même temps on ne peut pas non plus douter de la remise en question de la société salariale telle que nous l'avons connue, et de l'impasse dans laquelle se trouve le modèle de la croissance. La proportion des activités des membres de la société qui passe par le travail salarié ne peut pas croître indéfiniment. On atteint la saturation. Mais en même temps, le travail salarié envahit ce qui était auparavant régi par le don, sous l'égide du bénévolat. Et les deux mouvements sont intimement liés. Car si les campagnes de financement prennent autant d'importance, c'est en partie parce que l'État participe moins, donc parce qu'il y a moins de travailleurs salariés affectés à des tâches qui deviennent dès lors de plus en plus du ressort du tiers secteur.

## AU-DELÀ DE L'UTILITÉ, LE LIEN SOCIAL

Le don est l'étude de ce qui circule, mais dans un modèle où le sens de ce qui circule (son aspect symbolique) est nécessairement pris en compte. De ce point de vue, la caractéristique essentielle de cette sphère du don aux étrangers, c'est *le refus du rapport instrumental à autrui*, le refus du désenchantement du monde. Le geste bénévole est un geste de réenchantement du monde.

Une chose est certaine : il est impossible d'en comprendre la spécificité avec un modèle d'analyse utilitariste, qu'il soit d'inspiration marxiste ou marchande. En d'autres termes, le sens des gestes posés par ces millions de personnes qui donnent à des étrangers ne s'épuise pas dans le rapport d'utilité matérielle de ce qu'ils reçoivent en retour (profit), ou au contraire de ce qu'ils ne reçoivent pas (exploitation). Le sens de leur geste est à rechercher dans le geste lui-même, dans la relation voulue pour elle-même et non instrumentale. En ce sens, le rôle du don aux étrangers va bien au-delà de sa contribution ponctuelle à la résolution des problèmes sociaux précis, même si ce rôle, on l'a vu, est loin d'être négligeable. En œuvrant parallèlement à toutes ces institutions qui, dans le cadre du rapport salarial ou du rapport marchand, tout en libérant les individus de leurs obligations et des structures autoritaires traditionnelles, contribuent dans la société moderne à éloigner et à séparer les membres les uns des autres, le don aux étrangers nourrit le lien social et est à ce titre un instrument privilégié de prévention des problèmes sociaux — et aussi de solidarité.

À propos de cette dernière, Durkheim[9] affirmait qu'elle était la condition pour que l'homme « cesse de chercher en soi-même l'unique objectif de sa conduite et, comprenant qu'il est l'instrument d'une fin qui le dépasse, il s'aperçoive qu'il sert à quelque chose. La vie reprend un sens à ses yeux parce qu'elle retrouve son but et son orientation naturelle ». « Mais quels sont les groupes les plus aptes à rappeler perpétuellement à l'homme ce salutaire sentiment de solidarité ? » se demande-t-il. Le bénévolat et l'entraide, et plus généralement l'association en font sûrement partie. Le don aux étrangers irrigue le tissu social, et c'est pourquoi Titmuss croyait que le don du sang en était le plus beau symbole. « Les rapports sociaux engendrés par un échange de don sont parmi les plus importantes forces qui tiennent un groupe social ensemble » [Titmuss, 1972, p. 73]. Ce qui nous conduit à revenir sur la nature du don dans la société moderne.

9. Cité par Ferrand-Bechmann [1991, p. 416].

# 7

# Des bonnes raisons de ne pas donner. Le don d'organes

Qu'est-ce que le don ? Don dans les liens primaires, don aux étrangers, don agonistique, dans la société actuelle, on serait en présence d'au moins trois modèles de don qu'il faudrait comparer de manière beaucoup plus systématique. Ils se distinguent principalement par le rôle de la réciprocité et de la dette. Mais quel que soit le type de don, on retrouve certains traits communs : l'importance de la liberté, la personnalisation de la relation, l'excès, la sortie hors des règles.

Liberté-obligation ; rapport à la règle ; don-dû. Tout semble indiquer qu'une étude sur le don conduit nécessairement à une réflexion éthique, à la question éthique fondamentale : comment penser l'obligation ? Quelle que soit sa forme, le don oblige à penser la société dans une perspective morale, en dehors de la seule rationalité instrumentale. Le don conduit à rendre chaque personne unique, même dans le don aux étrangers. Toute réflexion sur le don est en fait une tentative de comprendre ce que c'est qu'une obligation sociale ou morale, un problème philosophique classique certes, mais aussi le problème de tous les grands sociologues. Notre rapport à la société passe bien sûr par des liens contractuels et par des normes extérieures comme celles de la justice et du devoir. Mais ce lien est insuffisant, et ce n'est pas le plus fondamental. « En agissant moralement, nous nous élevons au-dessus de nous [...] Il y a quelque chose qui nous dépasse [...] nous nous arrachons dans quelque mesure à nous-mêmes » [Durkheim, 1992, p. 615-616].

## Le don, une expérience sociale fondamentale de la communauté

L'expérience du don est fondamentalement différente, en tant que rapport social, de l'expérience de justice, et c'est ce principe qui nourrit les rapports donateurs-donataires dans les réseaux de parenté et dans les autres types de don, principe qui peut jouer positivement ou négativement. Ce rapport à l'obligation, c'est le nœud, le noyau dur du don, presqu'impossible à observer en direct, dans son mouvement même, car on l'aperçoit toujours pétrifié, figé sous la forme de la contrainte sociale, légale, conventionnelle, traditionnelle, institutionnalisée, rationnelle. Autrement dit, on observe toujours l'obligation sous l'aspect de la contrainte, laquelle consiste à fournir une raison extérieure à l'action, à trouver une cause à ce mouvement spontané de l'âme qui fait que l'on a tendance à donner et à rendre, mouvement sans lequel aucune société ne peut exister.

Certes on donne aussi par convention, par obligation stricte, par intérêt — et par un mélange de tout cela — et pour d'autres raisons encore. Mais c'est une dégradation du don, dont il ne reste plus que la coquille vide, sans le contenu, sans le sens. Le « vrai » don est un geste socialement spontané, un mouvement qu'on n'arrive pas à saisir dans sa dynamique, une obligation que le donneur se donne, mais une obligation intérieure, immanente. Elle peut se transformer en obligation extérieure, et du fait même du donneur parfois. Il s'agit là d'une perversion très fréquente du don. Peu de gens sont assez proches d'eux-mêmes pour obéir à ce mouvement sans le transformer à un degré quelconque en contrainte, en obligation provenant de l'extérieur. Certains tendent même à transformer constamment en obligation tout mouvement spontané vers les autres. Ainsi l'idée, au départ plaisante et spontanée, de téléphoner à une amie peut se transformer en une obligation qu'on se donne de lui téléphoner — une obligation intérieure se mue ainsi en un devoir qui semble maintenant imposé de l'extérieur. Le jeu avec la règle est constamment présent à l'intérieur même de la personne, et la dynamique du don se situe au cœur de ce jeu. Il arrive qu'avec certaines personnes, tous les rapports aient tendance à prendre cette forme, quoi qu'on fasse. On n'arrive alors plus vraiment à donner, on ne fait plus que simuler le don. Chaque mouvement de l'âme se retrouve aussitôt enfermé et figé dans la logique de l'obligation extérieure; tout don devient un dû.

Le marché et la sécurité sociale sont certes deux inventions formidables qu'il ne faut pas renier, car ils ont accru la sécurité matérielle, diminué les injustices et accordé des droits à tous les membres de la société. L'État et le marché sont aussi très pratiques, surtout quand on ne souhaite pas établir des rapports personnels avec les gens. Mais ils sont insuffisants dans nos rapports avec ceux qui comptent vraiment dans notre vie, et même dans certains rapports avec des étrangers. Pourquoi ? Parce que le marché et l'État sont deux institutions neutres : elles ne nourrissent pas nos liens sociaux, elles sont extérieures aux liens avec les personnes qui nous sont proches; et surtout elles ne sont pas libres à la manière du don. C'est pourquoi avec ceux qui sont proches, ceux qui comptent, on aime faire passer les choses par le don, faire et donner par plaisir tout en étant certain qu'on ne se fera pas avoir.

Donner en toute confiance, c'est la base de toute société. S'il n'y a pas cette confiance, il n'y a pas de société possible. C'est la lutte contre le déterminisme, contre la nécessité. « Tu n'aurais pas dû, ce n'était pas *nécessaire* », dit-on à celui qui nous offre quelque chose, libérant ainsi l'acte de l'ordre de la nécessité. C'est le contraire de ce que l'on dit à un fonctionnaire : « Vous devez me dispenser ce service, c'est mon droit. » Le don s'oppose donc aux logiques mécanistes et déterministes pour se rapprocher de la vie. Le don, c'est l'état de celui qui, résistant à l'entropie, transcende l'expérience mécanique déterministe de la perte en se reliant à l'expérience de la vie, à l'apparition, à la naissance, à la création.

Il existe une tension permanente entre cet état et les systèmes plus mécanistes que sont le marché et l'État. Ces derniers tendent toujours à ramener la circulation des choses à leurs lois : l'équivalence mécanique, la nécessité — qui est tellement plus rassurante que la liberté. Et de son côté, le don tend aussi à ramener les autres systèmes à sa règle, qui consiste à libérer l'échange et à faire apparaître de l'imprévu, quelque chose qui vient en plus et qui sort des règles.

Un exemple. On paie pour voir un spectacle. En échange, l'artiste présente (donne...) son spectacle. C'est l'insertion d'un échange humain dans l'équivalence marchande. Mais on constate que cela ne suffit pas. Si quelque chose est vraiment « passé » le soir du spectacle, les spectateurs applaudissent, manifestent autrement leur plaisir que par le paiement de leur billet. Ils donnent quelque chose à l'artiste, un surplus, un supplément qui échappe au système marchand. L'argent ne suffit pas. En retour, l'artiste fait un rappel. Il donne quelque chose aux spectateurs de non prévu, hors contrat, et ce gratuitement, c'est-à-dire librement. Il crée ou maintient un lien vivant entre lui et les spectateurs. Il n'est pas « tenu » de faire ce rappel par le contrat qui le lie aux spectateurs qui ont payé. C'est un surplus, cela ne fait pas partie de l'équivalence marchande. Mais cela peut le devenir avec le temps, l'habitude, la répétition...

Car le système marchand tend toujours à intégrer ce surplus qu'introduit le don, à le ramener à un échange équivalent. Mais alors quelque chose d'autre sera inventé ; la tendance est permanente à sortir de ce qui se fige, de ce qui devient norme. Tant que le rapport entre les protagonistes est vivant, il y aura au sein de ce rapport cette tendance à fuir les équivalences mécaniques, calculables, par des « extra », que le système aura de son côté tendance à normaliser, à contractualiser, à faire rentrer dans l'ordre de la nécessité. Par cette résistance, la relation montre qu'elle est vivante et qu'elle engendre donc quelque chose. Si l'équivalence l'emporte, c'est la fin de la vie dans ce système. Ce qui ne l'empêche pas d'être un système bien rodé et bien utile. Mais il y a quelque chose qui ne passe plus entre les partenaires du système : l'esprit, la vie, la création, le don.

Ainsi chaque don est la répétition de la naissance, de l'arrivée de la vie; chaque don est un saut mystérieux hors du déterminisme. C'est pourquoi il s'accompagne souvent d'un certain sentiment d'euphorie et de l'impression de participer à quelque chose qui dépasse la nécessité de l'ordre matériel. Il m'arrive de croire qu'en s'abandonnant à l'expérience du don, en acceptant d'être dépassé par ce qui passe par nous, on vit quelque chose qui n'est pas totalement étranger à l'expérience mystique, ou à la transe. On pourrait alors imaginer que l'expérience du don, c'est un peu le mysticisme à la portée du commun des mortels

— le mysticisme à usage courant, l'extase à petite dose, la démocratisation de l'expérience mystique et du « sentiment océanique »..., dans ces sociétés qui ont éliminé la transe et toutes les formes d'expérience trop éloignées de la rationalité instrumentale.

Une telle expérience conduit à se poser des questions sur les limites même de la distinction entre fin et moyens, entre les intentions et les résultats. On en arrive à l'idée que, dans le don, non seulement le retour n'est pas voulu (rapport à la réciprocité), mais le don lui-même ne l'est pas : le don va de soi. Le don se donne lui-même. Ce n'est plus le sujet qui donne, mais le sujet qui obéit au don, qui suit le don, qui est emporté par le don. Le don serait une expérience où la distance entre la fin et les moyens est abolie, où il n'y a plus ni fin ni moyen, mais un acte qui remplit l'espace de signification du sujet et fait qu'on est dépassé par ce qui passe par nous et par ce qui se passe en nous. Le don serait une expérience d'abandon à l'inconditionnalité.

Donner, c'est vivre l'expérience d'une appartenance communautaire qui loin de limiter la personnalité de chacun, au contraire l'amplifie. Contrairement à une certaine approche individualiste, l'expérience de la solidarité communautaire n'est pas nécessairement contradictoire avec l'affirmation de l'identité, mais elle peut au contraire la développer [Donati, 1995]. Le don serait une expérience sociale fondamentale au sens littéral qu'avec le don, nous expérimentons les fondements de la société, de ce qui nous rattache à elle au-delà des règles cristallisées et institutionnalisées comme la norme de justice. Nous la sentons passer en nous, ce qui crée un état psychique particulier. C'est ce que Mauss appelait un fait social total. Une expérience qui concrétise la tension entre l'individu et la société, entre la liberté et l'obligation, comme le met bien en évidence B. Karsenti [1994]. Une expérience où la société est vécue comme communauté.

La spontanéité du don est l'aboutissement d'un long apprentissage volontaire. La spontanéité du don ressemble à la spontanéité du maître zen dont le geste surgit d'une longue période de concentration. « Abandonne donc toute intention, exerce-toi à l'absence d'intention et laisse les choses se faire par l'Être », dit un maître zen[1]. Que rejoint Jean-Paul Sartre [1983, p. 383] :

> « [Le don] est donc, s'il surgit dans l'univers du désir, délivrance de l'univers du désir. [...] Si nous considérons le pur univers du désir où l'homme est l'inessentiel et la chose l'essentiel, le don paraît *dans son intention première* le renversement de cette structure et par conséquent une délivrance : je ne suis plus là pour actualiser la chose par consommation mais si je donne, c'est la chose qui est là pour être transmise à l'autre. » « L'Ego *est pour se perdre* : c'est le Don. La réconciliation avec le Destin, c'est la générosité » [*ibid.*, p. 434].

## LES BONNES RAISONS DE NE PAS DONNER

Pourquoi donne-t-on ? Si on admet ce qui précède, la réponse est simple : pour se relier, pour se brancher sur la vie, pour faire circuler les choses dans un système vivant, pour rompre la solitude, faire partie de la chaîne à nouveau, transmettre, sentir qu'on n'est pas seul et qu'on fait partie de quelque chose de plus vaste — et notamment de l'humanité — chaque fois qu'on fait un don à un inconnu, à un étranger vivant à l'autre bout de la planète, qu'on ne verra jamais. Du cadeau aux proches au don lors des grandes catastrophes, à l'aumône ou au don du sang, c'est fondamentalement sentir cette communication, rompre l'isolement, sentir son identité de façon non narcissique[2] — d'où ce sentiment de puissance, de transformation, d'ouverture, de vitalité qui vient aux donneurs et qui leur fait dire qu'ils reçoivent plus qu'ils ne donnent.

Et si, alors, on renversait la perspective dominante dans la société actuelle ? Si au lieu de partir de l'appât du gain, on faisait le postulat de *l'appât du don* ? On poserait comme postulat que les êtres humains ont d'abord envie de donner. Qu'ils reçoivent, qu'ils acquièrent dans ce but plutôt que l'inverse. Alors la question à poser à propos du don ne serait plus celle qu'on se

1. Cité par le philosophe allemand Dürckheim [1976, p. 136].

2. « L'ascétisme mondain [...] et le narcissisme ont beaucoup de choses en commun. [...] Dans les deux on retrouve une projection de soi dans le monde plutôt qu'un engagement dans des expériences mondaines [*wordly experiences*] qui échappent à notre contrôle » [Sennett, cité par Jon Van Til, 1988, p. 33].

pose généralement : qu'est-ce qui fait que nous donnons bien que nous soyons fondamentalement des égoïstes, des receveurs, et fondamentalement motivés par l'appât du gain ? La question serait inversée et elle deviendrait la suivante : qu'est-ce qui empêche de donner ? Qu'est-ce qui fait qu'un certain nombre de personnes ne donnent pas, ou donnent peu ? Ou : qu'est-ce qui fait que dans certaines circonstances on ne donne pas, alors que dans d'autres on est plus porté à donner ? Qu'est-ce qui fait que l'on résiste au don ?

### *Les dangers du don*

Une première réponse, assez courante, et qui se situe encore dans le cadre du paradigme dominant, est la suivante : si on ne donne pas, c'est pour ne pas se faire avoir. Un rapport de don est en effet toujours risqué. Voilà le côté sombre du don le plus souvent mentionné et le plus évident, et il serait donc la principale raison de ne pas donner.

Les acteurs sociaux utilisent souvent le don comme moyen pour recevoir, par intérêt, pour dominer. Ces détournements du don pour d'autres fins dans la vie sociale sont importants. Nous les avons observés concrètement dans notre étude sur le don dans la parenté [Godbout, Charbonneau, 1996, chap. 7]. Elles illustrent ce que l'on pourrait appeler des perversions du don, des utilisations du don comme moyen pour d'autres fins que le don, ou encore des défauts du don, causés notamment par l'absence de lien personnel entre le donateur et le donataire dans le don aux inconnus. Ce phénomène a été bien analysé par la pensée moderne qui s'est fait une spécialité, à la suite de Niezsche, de débusquer tout ce qui se cache de « petit » et d'intéressé derrière les grands élans de générosité.

Mais si les raisons de ne pas donner se réduisaient à ces circonstances où le don est pris comme moyen pour autre chose, nous n'aurions rien à ajouter. Tout serait clair. La réponse à la question des bonnes raisons de ne pas donner résiderait dans le fait que le don est souvent détourné de ses fins et qu'il ne faut pas être naïf en matière de don. On donne pour recevoir, dans un esprit marchand ; on donne pour dominer ; on donne par culpabilité. Mais toutes ces explications, *a contrario*, tendent à confirmer l'idée que le don est toujours souhaitable quand il n'est pas détourné, autrement dit qu'il n'est pas dangereux en soi. C'est donc toujours par une réduction du don à autre chose que lui-même qu'on rend compte du côté sombre du don. Mais cette explication est-elle suffisante? Plus précisément, est-ce que ce sont les perversions du don qui sont dangereuses, ou le don par lui-même peut-il l'être?

Si c'était seulement ses perversions, cela voudrait dire qu'il n'y a rien de négatif dans le don, et qu'il n'y a pas de bonnes raisons de ne pas s'engager dans un rapport de don avec quelqu'un lorsque le geste est posé dans l'esprit du don. Ce serait seulement lorsqu'il est détourné de son sens normal qu'il deviendrait dangereux et négatif, détourné de ses fins par le donateur, le donataire ou un intermédiaire n'ayant pas l'esprit du don. Le « vrai » don, fait « de bon cœur », serait toujours positif — ou à tout le moins, inoffensif.

Une telle position est-elle suffisante pour rendre compte des dimensions négatives du don tel qu'on l'observe? Il semble bien que non. Après tout, dans la tradition judéo-chrétienne, le premier meurtre de l'humanité n'a-t-il pas été commis non par quelqu'un qui s'est fait avoir, mais par la colère et le dépit d'un donateur, Caïn, en raison d'un don non accepté par Dieu, alors que celui de son frère Abel l'avait été ? Rien n'indique, dans la Bible, que l'offrande de Caïn n'était pas aussi généreuse, aussi sincère que celle de son frère. Les exégètes ont élaboré bien des hypothèses, mais rien ne permet d'expliquer cette réaction de Dieu. Dieu lui-même ne fournit aucune explication de son refus. C'est pourtant bien ainsi que Caïn fut amené à tuer Abel : pour un don mal reçu par Dieu. Plus modestement, y a-t-il lieu de s'étonner que nous puissions hésiter à donner par peur que ce don soit mal reçu — malgré notre sentiment de donner de bon cœur —, une crainte que nous avons tous vécue un jour ou l'autre?

À l'inverse, pensons à l'inquiétude ou au malaise qu'on peut ressentir lorsqu'on reçoit. Même si le fait, pour le donateur, de se faire avoir et le manque de confiance sont des problèmes importants, ce n'est pas celui qui est le plus fréquemment mentionné par les acteurs lorsque le danger du don est pointé du doigt [Godbout, Charbonneau, 1996, chap. 7]. Le risque pris semble plus se situer du côté du donataire que du donateur.

Qu'est-ce qui explique que le donataire puisse en arriver à être dominé par le donateur, même sans une telle intention chez ce dernier ? Aristote, déjà, était étonné par ce paradoxe de la difficulté de recevoir :

> « Les bienfaiteurs aiment plus vivement, semble-t-il, leurs obligés que ceux-ci n'aiment ceux qui leur ont fait du bien. Il y a là comme une offense à la raison qui mérite l'examen » [1965, IX, chap. VII, p. 246 — voir aussi Goux, 1996].

Concluons, avec Tarot [1996 — et voir aussi Goodwin Raheja, 1988 ; McGrath, Levy, 1993], que donateur ou donataire, « il y a bien un problème du don dangereux [même] dans le geste qui n'a pourtant transmis que de bonnes choses ». En réalité le don peut être négatif (c'est-à-dire entraîner des conséquences jugées négatives par les acteurs) même s'il n'est pas perverti par ses agents. Effectivement, le don oblige le receveur, même lorsque la volonté d'obliger et de dominer est absente chez le donneur. Pourquoi ? Telle est la question essentielle que pose le côté sombre du don (question qui est d'ailleurs à l'origine de l'*Essai* de Mauss), une question qui conduit à chercher, au-delà de la raison courante qui ne concerne que le donateur (se faire avoir), les bonnes raisons de ne pas donner et de ne pas recevoir — de ne pas entrer dans un rapport de don, à titre de donateur ou de donataire.

### *Au cœur du problème, la difficulté de recevoir*

Aborder les choses sous cet angle conduit donc à focaliser la réflexion sur un moment du don différent de celui sur lequel est centrée la majorité des études sur le don. Depuis que Marcel Mauss a rendu incontournable l'analyse du don à partir des trois moments d'un cycle — donner, recevoir, rendre —, c'est le premier et le troisième moment (l'acte de donner, et surtout l'obligation de rendre) qui ont retenu l'attention de la majorité des chercheurs, comme si le deuxième moment allait de soi.

Or, recevoir ne va pas de soi. L'obligation de recevoir est généralement la plus forte des trois obligations et la plus universelle — plus que celle de donner et plus que celle de rendre. N'est-ce pas elle, après tout, qui génère cette obligation de rendre ? Ne serait-ce pas là, dans le rapport qui s'établit entre ce qui est reçu et le receveur, que se définit la forme sociale que prendra la circulation de ce qui est reçu? que se définit comment sera « dépensé » ce qui a été reçu, comme le montre magnifiquement Anne Gotman dans une étude de la dilapidation et de la prodigalité [1995]? Peut-être est-ce dans la réception que se cache le secret du don? En nous centrant sur le receveur, n'allons-nous pas en un sens à la source même de cette obligation, ne cernons-nous pas au plus près le moment où elle apparaît? Car c'est bien en recevant qu'elle surgit.

C'est donc que dans le don, non seulement on ne reçoit pas de la même manière que dans le cadre marchand, mais aussi qu'à l'intérieur du don, on ne reçoit pas toujours de la même façon.

Et que se passe-t-il lorsque le receveur ne peut pas rendre? Dans le don aux inconnus, il est le plus souvent totalement impossible de souscrire à cette obligation. Le cas extrême est le don d'organes provenant d'un donneur décédé. Comment réagit alors le receveur? Comment fait-il « face à ses obligations »? L'observation de telles situations limites, caractérisées par l'impossibilité matérielle de rendre, est peut-être à même de mettre à nu le moteur de cette obligation, d'en révéler à tout le moins des aspects inédits et de faire comprendre les bonnes raisons de ne pas donner, et ce en dépit des intentions du donneur.

## LE DANGER DE RECEVOIR (UN ORGANE)

Le discours officiel sur le don d'organes peint tout en rose. C'est un discours « romantique » [Fox, Swazey, 1992]. En ce qui concerne le donneur, il est présenté comme le don le plus grand qu'il puisse faire : le don de la vie; pour le greffé, c'est une nouvelle vie qui commence grâce au miracle que la science et la technologie accomplissent. L'idéologie occidentale du don est tout entière dans cette image du don d'organes véhiculée par les médias. Pour certains auteurs, cette « rhétorique du don » [Hottois, 1992, p. 108] occulte la réalité du don d'organes. D'autres reprochent aux médias de ne pas jouer leur rôle et de se faire les propagandistes de cette idéologie [Le Breton, 1993] — et notamment de ne pas reconnaître (et ne pas faire connaître) les problèmes vécus par le receveur. Ils sont nombreux, qu'on les envisage sur le plan biologique, psychologique ou dans le cadre du don.

### *La réception par l'organisme humain*

Rien ne va moins de soi que de recevoir un organe, ou de subir une transfusion de moelle osseuse. L'attente de la réception est une période d'angoisse : crainte de ne pas avoir de donneur, anticipation de la mort du futur donneur, ou crainte du futur greffé de moelle osseuse que le donneur ne change d'idée. Suit une période de rejet possible, de refus du don par le système biologique — une période beaucoup plus longue si le don provient d'un inconnu, et une période qui en réalité durera toujours, avec les effets secondaires des médicaments anti-rejets. Recevoir un organe d'une autre personne menace l'individualité biologique, et le système de défense, qui considère l'organe comme un intrus, développe des mécanismes de rejet. À partir de la décennie quatre-vingt, la découverte de la cyclosporine, et plus tard d'autres médicaments immunodépresseurs[3], a beaucoup diminué les phénomènes de rejet. Mais c'est au prix de la diminution des capacités de l'organisme, de l'affaiblissement de son système immunitaire tout entier. Pour éviter le rejet biologique, pour permettre au corps d'accueillir l'organe étranger, on paralyse le système de défense de l'identité biologique. Ce qui permet au corps de recevoir ce qui menace sa vie biologique.

La réalité physiologique est donc bien différente de l'image présentée dans les médias, comme l'ont mis en évidence des auteurs comme Fox et Swazey, [1992], ou Youngner [avec Fox, O'Connell, 1996].

Qu'en est-il de la dimension socio-psychologique ?

### *La dette du receveur*

La littérature sur le sujet[4] et les résultats d'une recherche en cours auprès de quinze receveurs d'organe ou de moelle permettent de distinguer différents types de receveurs : certains nient le don et refusent toute relation (réelle ou symbolique) avec le donneur ou avec sa famille ; d'autres vivent un sentiment de culpabilité et éprouvent de la difficulté à ne pas se sentir

3. Médicaments bloquant le système de défense immunitaire du receveur.

4. Craven [1994] ; Rauch [1989] ; Rabanes [1992] ; Schwering [1998] ; Corbin [2000].

responsables à quelque degré de la mort du donneur. D'autres enfin, tout en considérant avoir contracté une « dette éternelle », en arrivent à considérer cette dette positivement. Ils aiment imaginer leur donneur. Ils lui parlent, lui demandent conseil dans des situations difficiles. Et ils souhaitent aussi rendre sous différentes formes. Ils tiennent à manifester leur gratitude à la famille du donneur (ce que la famille attend par ailleurs). Mais ils ne souhaitent pas rendre à la famille du donneur autrement que sous cette forme du remerciement et ne désirent pas établir des liens personnels avec elle. Ils ne souhaitent pas la rencontrer, ou alors une seule rencontre leur suffit, celle où ils peuvent lui manifester leur reconnaissance. Ce qui ne les empêche pas de vouloir donner à leur tour, mais pas à la famille du donneur [Franke, 1996].

### *Recevoir : la mise en péril de l'identité*

Différentes recherches ont mis en évidence cette obligation ressentie par les greffés « de donner à la société sans considérer la dette personnelle potentielle contractée envers le donneur, sauf dans le cas de donneurs vivants apparentés » [Sharp, 1995, p. 383; voir aussi Pellissier, 1997].

Ce cas de figure nous a particulièrement intéressés, car c'est une situation qu'on rencontre rarement dans le phénomène du don. En effet, s'il est habituel de constater que le receveur souhaite rendre, il est très rare qu'il souhaite rendre non pas à celui qui lui a donné, mais à d'autres. Comment interpréter cette attitude de receveurs qui, pour cette raison, sont souvent très contents de la règle de l'anonymat et qui, tout en entretenant un rapport symbolique important avec le donneur, fuient sa famille?

Une première réponse qui vient à l'esprit est que le don est tellement important qu'ils craignent la demande de la famille. « On lui doit beaucoup, si ce n'était pas anonyme, le donneur pourrait venir et nous demander ce qu'il veut », dit un receveur de moelle [Rabanes, 1992, p. 50]. On interprète le plus souvent cette crainte en termes matériels : demande d'argent par exemple. Or cette situation ne se rencontre que très rarement : la famille ne songe pas à de telles demandes, et les receveurs sont peu nombreux à lui prêter cette intention.

Quelle autre demande craignent donc les receveurs ? L'analyse des entretiens conduit à penser qu'ils craignent d'abord et avant tout qu'on leur demande de ne plus être eux-mêmes : de devenir un peu le donneur. Ils craignent d'être réduits au rôle de simple contenant du cœur (ou du foie, etc.) du donneur et d'être ainsi transformés en un moyen pour une fin, en un « instrument » de la famille. Autrement dit, ils craignent une demande d'objectivation d'eux-mêmes et de rejet de leur identité. Le rapport avec la famille du donneur est le lien le plus menaçant pour l'identité symbolique du receveur, car la famille aura tendance à le voir comme une sorte de contenant sacré de la vie de l'un des siens. Le regard de la famille du donneur sur le receveur constitue une invasion (de l'autre) et est potentiellement destructeur de son identité symbolique. Ce danger est moindre pour la moelle, puisque le donneur est toujours vivant. C'est pourquoi on constate que les greffés de la moelle ont beaucoup moins de réticence à rencontrer leur donneur[5]. Mais dans le don d'organes provenant d'un donneur décédé, la famille du donneur représente pour le receveur un réseau de personnes pour qui le don d'organes peut signifier que l'autre continue à vivre en lui.

Ce n'est donc pas d'abord la dette qui inquiète les receveurs, comme on tend à l'affirmer dans la littérature sur le don d'organes. Si c'était surtout la dette, ils ne souhaiteraient pas rencontrer la famille pour manifester leur reconnaissance. (C'est d'ailleurs le comportement de ceux qui disent craindre la dette : ils souhaitent le maintien le plus strict de l'anonymat.) Ou alors il faudrait élargir le sens du mot « dette » et de ce qu'il y aurait à rembourser jusqu'à y inclure la personnalité même du receveur… Car recevoir un organe met en question l'identité. Le don d'organes révèle peut-être une raison profonde de ne pas entrer dans un rapport de don, une raison qui explique le pouvoir que le donateur acquiert sur le donataire et qui réside dans le danger de recevoir ce que Marcel Mauss appelait le *hau* du donateur, son identité. Ce que le don d'organes met alors en évidence, c'est que la source du danger de recevoir, c'est bien plus le risque de perdre son identité que la dette. Certes le danger d'un trop

5. Ce dont le système québécois tient compte puisqu'il permet cette rencontre, alors que le don d'organes demeure strictement anonyme.

grand don est qu'on peut tout demander à celui qui a reçu. Mais on a tendance à interpréter cette formule de façon trop stricte, en termes de choses concrètes que le donneur peut demander au receveur. Cela va beaucoup plus loin : on peut tout lui demander, y compris de ne plus être lui-même, d'être quelqu'un d'autre et, dans le cas du don d'organes, d'être — littéralement — le donneur. De devenir le don, et d'être détruit par le don. On peut d'ailleurs se demander si cette potentialité négative du don n'est pas présente dans tous les dons particulièrement intenses et importants comme l'héritage [voir Gotman, 1985] et aussi l'adoption — dans tous ces cas où, comme l'affirme un proverbe maori, « les dons sont priés de détruire l'individu qui les a acceptés » [Temple, Chabal, p. 25 et p. 51].

Le danger de perdre son identité qui, on l'a vu, entraîne une réaction de rejet de l'organe sur le plan biologique a donc son équivalent socio-psychologique dans la perte d'identité symbolique et la crainte d'acquérir une autre identité (celle du donneur), ou encore une troisième, hybride. C'est le phénomène de « contamination de l'identité par l'imaginaire », dit Le Breton [1993].

Le don d'organes se présente ainsi comme une allégorie pour comprendre les bonnes raisons de ne pas donner.

## FAIRE FACE AU DANGER (DU DON D'ORGANE)

Ce que nous apprend la transplantation ne s'arrête pas là. Le don d'organes montre aussi qu'il est possible de dépasser ce problème, de recevoir sans se sentir menacé — même un organe. En fait il est possible de se sentir transformé sans pour autant sentir son identité menacée. Pour comprendre comment, rappelons d'abord qu'il existe une différence fondamentale entre les processus biologiques et symboliques. Le corps biologique n'admet pas de transformation au niveau génétique. L'ADN de chacun est non seulement unique, mais fixé avant la naissance. Un changement de l'ADN équivaudrait à une mutation et à une réelle perte d'identité. Mais l'identité symbolique est bien différente : elle se transforme tout au cours de l'existence, elle admet des ajouts, elle appelle des modifications. Dans ce cas il y a donc, au moins théoriquement, possibilité pour un receveur non seulement d'admettre, mais de considérer positivement le fait d'avoir été transformé par la greffe sans pour autant se sentir menacé dans son identité. « Je me sens plus forte, plus courageuse. C'est normal, c'était un sportif », dit une greffée rencontrée[6]. Il est donc beaucoup plus facile de recevoir quelque chose sans que l'identité ne soit menacée au plan symbolique qu'au niveau biologique. L'analogie est donc limitée[7].

Or dans le secteur de la transplantation, les intermédiaires ne semblent pas reconnaître cette différence, comme le montre leur attitude — et la solution qu'ils apportent à ce problème identitaire.

### *La négation de la dette*

On a vu qu'au niveau biologique, les médecins, faute de pouvoir neutraliser la personnalité biologique du greffon, injectent au receveur des substances qui diminuent la capacité du système immunitaire à reconnaître cette identité et empêchent ainsi le rejet. Mais au niveau symbolique, on procède de manière opposée. On tente de supprimer le problème à la source, en éliminant la personnalité du donneur. Parce qu'une relation symbolique avec le donneur *peut* engendrer un sentiment de dette négatif chez le receveur, et même parfois une confusion identitaire [Franke, 1996], *toute* relation symbolique avec le donneur tend à être considérée comme pathogène [Sharp, 1995, p. 359]. On va donc tenter de neutraliser le don reçu[8], de l'objectiver. Par analogie avec ce qui se passe au niveau physiologique, c'est comme s'il était possible de décodifier l'ADN du donneur avant d'en prélever les organes, ou comme si on réussissait à injecter dans le

6. Voir aussi Sylvia [1997].

7. Notons qu'on pourrait dire que biologiquement on se transforme aussi beaucoup. Il y a peut-être un équivalent symbolique ou culturel de l'ADN, une sorte de noyau fixe qu'on ne peut changer sans changer d'identité, un noyau qui se fixerait toutefois beaucoup plus tard qu'à la naissance, à la différence de l'identité biologique. Par exemple, pourquoi ne peut-on plus apprendre une langue sans accent après l'adolescence ? L'adolescence serait l'équivalent de la naissance pour l'identité culturelle : le moment où elle se fixe. Ce qui expliquerait que l'adolescent entre plus difficilement dans un rapport de don que l'adulte et que l'enfant.

8. Comme la science l'a fait pour le monde et l'État pour la charité.

greffon lui-même un produit qui le neutraliserait, lui enlèverait son unicité génétique avant de le transplanter dans l'organisme receveur, de sorte que le système immunitaire de ce dernier ne se sente pas menacé et l'accepte comme n'importe quel produit.

Comment atteint-on ce but au niveau symbolique ? En y appliquant le modèle économique (ou mécaniste, ou de la ressource rare : Godbout, 1998). Ce modèle neutralise ce que nous avons appelé la valeur de lien des choses[9]. On enlève aux objets toute trace de ce qui pourrait les relier à la personnalité des individus qui les ont produits. Ce phénomène d'objectivation a été mis en évidence par de nombreux auteurs, mais notamment par Simmel dans sa *Philosophie de l'argent*.

> « La seule qualité de l'argent [symbole ici du rapport marchand] c'est sa quantité. Cela conduit les choses à établir leur valeur entre elles. [...] Les choses déterminent les unes par rapport aux autres leur valeur entre elles, comme par un mécanisme autonome ; [...] l'échange économique arrache les choses à leur signification affective » [Simmel, 1987, p. 47].

Le rapport marchand dépersonnalise totalement ce qui vient d'autrui, de sorte que ce qui est reçu peut être entièrement « repersonnalisé » par le receveur en fonction de son identité propre. (Dans le cadre marchand, on dit en fonction de ses « préférences ».)

C'est dans le cadre de ce modèle que les intermédiaires professionnels tentent de présenter les organes transplantés aux receveurs : comme des objets aussi dépersonnalisés qu'un produit industriel. C'est pourquoi, disent-ils, un cœur est une pompe, un foie est un filtre, etc. Rien de plus. Cette application du modèle mécanique nie toute possibilité de transformation positive du receveur.

Sur le plan physiologique, on affaiblit l'identité biologique du receveur pour l'empêcher de rejeter le don. Sur le plan psychologique, c'est évidemment impensable, et il serait de toute manière éthiquement interdit de procéder de cette même façon. Il faudrait détruire l'équivalent psychologique du système immunitaire : l'identité de l'individu social. Comme cette opération est impossible, on tente l'inverse. On neutralise ce qui est reçu.

---

9. Godbout, Caillé [1992]. Mauss parle de « la valeur de sentiment » : « Les choses ont encore une valeur de sentiment en plus de leur valeur vénale » [1985, p. 258].

Mais alors que le marché (et l'État, pour certains services) réussit quotidiennement cette opération pour une infinie variété de produits qui circulent aujourd'hui au niveau mondial entre les humains de sociétés différentes, il se trouve qu'il n'y arrive pas facilement pour certaines parties du corps humain lui-même. Comme si cette opération de neutralisation et de dépersonnalisation du donneur pour empêcher le rejet n'était pas plus possible socialement que biologiquement. À la différence des consommateurs, nombreux sont les receveurs d'organes qui n'arrivent pas à se représenter le greffon comme un objet neutre. Certains y arrivent. Mais la plupart d'entre eux expérimentent envers et contre tout un état de dette.

Les intermédiaires — surtout ceux qui sont loin des donneurs ou des receveurs — procèdent donc à la transplantation d'organes au prix d'un véritable acharnement contre les identités : identité biologique de celui qui reçoit avec les immunodépresseurs, identité symbolique de celui qui donne auprès de celui qui reçoit avec la négation du don. Si la lutte contre l'identité biologique semble pour le moment inévitable, pourquoi y ajouter à tout prix la négation de l'identité symbolique du donneur, logique qui a comme source — et pour conséquence — l'introduction du modèle mécaniste dans le don? Pourquoi une telle volonté de nier l'expérience vécue par un certain nombre de receveurs? Ne vaudrait-il pas mieux en combattre les effets négatifs (la menace de l'identité) plutôt que de nier le phénomène lui-même avec tous les messages contradictoires que cela suppose? Car en voulant convaincre les greffés que ce n'est qu'un muscle, un filtre, une pompe, les intermédiaires se retrouvent devant une contradiction : face aux receveurs, ils minimisent la valeur du don et le réduisent à un objet; mais à la famille du donneur, ils le présentent comme un don de vie, et assurent la famille que le corps sera traité avec le plus grand respect — qu'on ne le traitera justement pas comme un objet. Pourquoi ces précautions, si ce n'est qu'un paquet de muscles et d'organes, si ce n'est qu'une machine faite de pompes et de filtres?

En assumant le don, les intermédiaires gagneraient donc à tout le moins une certaine cohérence dans leur discours. Ils ne le font pas parce que pour eux, le don menace nécessairement l'identité du receveur. Pourquoi? À cause de leur conception de la dette. Pour les psychologues comme pour les économistes, et même pour de nombreux analystes du don, il n'y a qu'une solution face à la dette : la payer, la liquider, régler ses comptes. Or cette solution est impossible dans le don d'organes — car « ce don d'organe est si extraordinaire qu'il ne peut pas être rendu ». Pour cette raison, le receveur comme la famille du donneur se retrouvent « enfermés dans un rapport créditeur-débiteur qui les lient douloureusement l'un à l'autre » [Fox, 1996, p. 254]. L'impossibilité de rendre instaure alors un état de dette négatif, que Fox et Swazey [1992] ont appelé la « tyrannie du don ».

Comme cette dette ne peut pas être « remboursée », elle est considérée nécessairemement comme néfaste. Et la seule solution, c'est donc de la nier, et dans ce but, de nier tout lien symbolique avec le donneur. Ces auteurs partent du postulat, comme l'écrit Saint-Arnaud [1996, p. 102], « [...] que seuls les malades qui adoptent pour eux-mêmes le modèle mécaniste évitent les problèmes psychologiques liés à l'image de soi, voire à l'identité de soi, que suscite la transplantation cardiaque [...] ». Autrement dit, devant un tel don — où il est impossible de souscrire à l'obligation de rendre au donneur —, la seule solution est de nier le don.

### *La prégnance du modèle mécaniste*

Historiquement, plusieurs raisons ont conduit les transplanteurs à adhérer au modèle mécaniste. D'abord la possibilité même de procéder à cette opération chirurgicale supposait, au départ, l'idée que l'organisme n'est qu'un mécanisme. Car il n'y a que dans une machine que chaque partie est indépendante, fabriquée séparément et assemblée ultérieurement aux autres, alors que, dans un organisme, tout se forme et se développe ensemble, dans une dépendance mutuelle. Plus l'organisme est évolué, plus il forme un tout unique, plus il est individualisé, même à l'intérieur de son espèce[10]. C'est ce que le code génétique exprime. C'est pour cette raison que, pour s'approprier un autre être, le corps dispose d'un appareil complexe — le

10. L'individualisme occidental repose sur cette identité biologique, à la différence des philosophies de l'Inde par exemple.

système digestif — dont la fonction est de détruire et d'éliminer tout ce qui peut menacer son identité dans l'autre. Il le digère et le décompose avant que le corps ne se l'approprie. Il rejette ce qui ne lui convient pas.

Or c'est tout le contraire qui se produit dans une transplantation, et c'est tout le problème. L'organisme reçoit un corps étranger qui doit demeurer étranger, qui doit demeurer autonome pour être utile au receveur. C'est pourquoi on dit que l'organe est approprié, incorporé (quand on mange du foie de veau, on ne dit pas qu'on l'a incorporé...). L'organe doit être greffé vivant. Il s'agit d'une opération délicate, de haute voltige physiologique et psychique, lors de laquelle il faut que ce qui est reçu devienne partie intégrante du receveur tout en restant lui-même. Cette incorporation n'a pas grand-chose à voir avec la digestion — avec tout le respect qu'on doit à cette opération elle aussi très impressionnante... On est ici au contraire devant la nécessité de conserver une double identité. Dans le paradigme individualiste moderne, cette exigence est très difficile à respecter, plus que dans une philosophie animiste ou indouiste. « La culture occidentale [...] rejette l'idée d'un "moi" multiple [...], idée que les autres civilisations trouvent normales » [Douglas, 1999, p. 156]. Seul le don permet de penser cette chimère autrement que comme une monstruosité. Or le monde de la transplantation fonctionne comme si ce problème n'existait pas, comme si le receveur pouvait conserver une certaine identité à cette « pièce » qu'il ne doit pas absorber, dont il doit garder l'identité intacte au lieu de la détruire pour lui conférer la sienne, comme le fait le processus digestif[11].

C'est le modèle mécaniste qui permettait une telle négation. On croyait qu'il suffisait de bien installer la pièce, de la « souder » comme il faut pour que l'opération réussisse. Ce modèle a entraîné l'échec de la transplantation pendant de nombreuses années, jusqu'à ce que l'on prenne connaissance du phénomène du rejet et de ses conséquences. Une machine ne rejette pas une pièce — elle tombe si elle est mal vissée ou mal soudée, mais elle n'est pas rejetée. L'accumulation des rejets a conduit à la nécessité de se référer à un paradigme plus organique. Suite à

11. À ce sujet, voir Schwering [1998].

cela, on a alors tenté, avec les immunodépresseurs, de neutraliser l'identité de l'organisme qui reçoit, au lieu de neutraliser ce qui est reçu sur le modèle de la digestion. (On peut d'ailleurs se demander pourquoi il n'y a pas plus de recherches visant à neutraliser le greffon...)

Quoi qu'il en soit, on s'est alors éloigné du paradigme mécaniste dans la pratique et dans la recherche; mais on n'a pas cessé de penser que c'est la seule métaphore qui convient au receveur. On a donc continué à lui répéter qu'un cœur est une pompe et rien de plus. Pourquoi alors prendre tous ces médicaments anti-rejets? se demande à juste titre le receveur; une pompe ne devrait pas menacer mon identité biologique...

### *La dette positive*

Quand on observe comment le don d'organes est reçu, on constate qu'une part importante des receveurs refusent cette solution et ce modèle de référence mécaniste. Ils vivent l'expérience du don. Il est vrai que certains la vivent négativement. Cela a permis de mieux comprendre les bonnes raisons de ne pas donner. Mais d'autres non. Ils vivent une transformation, sans pour autant que leur identité ne soit menacée. Au contraire, croient-ils, leur personnalité est amplifiée, grandie. « Je lui dois beaucoup mais je ne suis pas en dette », disent-ils. Ils assument cette dette unilatérale et la transforment en désir de rendre, de donner à leur tour.

Ces témoignages rappellent évidemment le phénomène de la dette positive que nous avons analysé dans les rapports de parenté. On peut donc penser que lorsque les receveurs sortent du modèle marchand de l'équivalence et adoptent la perspective du don, il n'est plus nécessaire de neutraliser le don en l'insérant dans un modèle mécaniste, et qu'au contraire apparaît la possibilité de vivre une expérience unique de dette positive, d'enrichissement et de renforcement de son identité par le don. La pire situation serait donc de vivre l'expérience comme don tout en se référant à un modèle marchand de la dette. Mieux vaut alors effectivement nier le don et adopter un modèle mécaniste. Car il est vrai que par rapport au don dans les liens primaires, la menace à l'identité est ici maximale. C'est pourquoi on ne peut passer à la dette positive que si on surmonte cette menace à l'identité.

Nous sommes peut-être bien là en face d'un cas exceptionnel susceptible de fonder la différence entre le don dans les liens primaires et le don aux inconnus ou à la société, plus généralement le sentiment de dette, qui ici s'oppose au don personnalisé — le don « moral » par rapport au don « sentimental », celui qui se rapproche plus du devoir et celui qui se rapproche plus de l'impulsion de l'amour [Eisenberg, 1997].

## DE LA SPÉCIFICITÉ DE LA DETTE POSITIVE DANS LE DON AUX ÉTRANGERS

Pour mettre en évidence cette différence, revenons à cette constatation étonnante que même dans les cas de dette positive, le receveur refuse d'établir un lien primaire avec la famille du donneur, tout en ayant un rapport de don. Autrement dit, si la dette est bel et bien positive, comme dans la parenté, en revanche elle n'est pas mutuelle. Car plutôt que de rendre au donneur, le receveur préfère rendre à un tiers, à la société. C'est un cas extrême où le don ne doit pas retourner à son point de départ. Nous sommes alors renvoyés, à l'intérieur même d'un rapport de don, à la nécessité d'opérer une dissociation entre lien primaire et don. L'établissement d'un lien primaire avec la famille du donneur signifie ici, comme on l'a vu, une menace pour l'identité. Un lien primaire est un lien personnel et unique avec quelqu'un. Comme tout don, le don d'organes est unique, au moins au sens où tous les receveurs vivent cette expérience sur le mode de l'exceptionnel. Mais contrairement au don dans les liens primaires, tout se passe comme s'il ne devait pas être personnalisé, sauf symboliquement. Car si les greffés tendent à établir un rapport *symbolique* personnalisé avec le donneur disparu (on l'imagine, on lui parle, même plusieurs années après la greffe), le rapport *réel* avec sa famille tend, lui, à être volontairement minimal. Alors que dans les liens primaires, leur caractère unique et leur caractère personnel se renforcent et à la limite se confondent, puisque c'est en personnalisant la relation qu'on la rend unique (Simmel), dans le don d'organes la personnalisation peut révéler les dangers du don, son côté négatif. — « Unique » désigne ici quelque chose d'incomparable quantitativement ; « personnel » désigne le fait que le rapport tend à s'établir à l'intérieur de relations de plus en plus intimes, qu'il nourrit un lien d'attachement, qu'il transporte quelque chose du donneur. Dans le don aux inconnus, à la différence du don dans les liens primaires, le don est unique, mais il n'est pas nécessairement personnalisé. C'est pourquoi toute la problématique de l'écart aux règles pour personnaliser le lien — pour signifier que c'est « pour lui » — est peu présente, même si le caractère unique du lien, lui, existe.

Dans le don d'organes, on peut même penser que la non-personnalisation est une condition pour que le receveur puisse recevoir ce don positivement, pour qu'il puisse expérimenter ce que nous avons appelé un état de dette positif. Certes, le greffé reçoit du donneur la vie — le don d'organes est un don de vie. Mais il ne reçoit pas *sa* vie, celle du donneur en tant que personne. Car ce dernier donne un organe une fois mort, il ne s'est pas « donné la mort » pour donner la vie ; il ne donne pas sa vie, et en ce sens il ne donne pas son identité.

Cette distinction est essentielle pour que le receveur ne fasse pas un « rejet identitaire ». Le don d'organes doit être unique, mais non personnalisé, il ne doit pas contenir quelque chose du donneur[12], cet élément essentiel au don dans les liens primaires et qui *doit* être absent ici. Sinon le receveur n'aura pas l'impression qu'il a reçu le don de la vie, mais qu'il a pris la vie de quelqu'un, pour reprendre une distinction faite par une personne rencontrée.

D'où l'importance cruciale de la définition de la mort cérébrale, et du débat autour de cette question. Était-il vraiment mort ? se demande le receveur. Ce n'est pas non plus évident pour les professionnels qui entourent le cadavre[13]. À cet égard, il est intéressant de noter qu'un flou significatif existe pour désigner cet état du donneur. La littérature anglo-saxonne emploie alter-

---

12. Plus précisément, le donneur ne peut transmettre que ce que l'on peut donner sans perte, comme des goûts, des talents, des traits de caractère. Mais sur le plan physiologique, tout se passe comme si le cœur devait fonctionner sans que ses caractéristiques uniques ne se manifestent, car le receveur rejette ce qui constitue l'unicité de ce cœur : son code génétique.

13. Saint-Arnaud [1996, p. 100] ; Youngner, Fox et O'Connell [1996] ; Carvais [2000, p. 147].

nativement les expressions de *brain dead, beating-heart cadaver, neomort, neo-cadaver, nearly dead*... [Langlois, 1996; Banks, 1995]. En français, on parle de coma dépassé, de mort cérébrale, de mort encéphalique. Et le personnel professionnel responsable de leur maintien dans cet état (anesthésistes-réanimateurs) les désigne comme étant des « sujets », des « patients », et même des « malades » [Bonnet, Cohen, 2000]. Ce flou cache un dilemme. Car s'il n'est pas vraiment mort, le receveur lui prend la vie. Mais s'il est vraiment mort, comment le donneur peut-il lui donner la vie ?

L'impensable du don d'organe est là. Ni objet, ni sujet unique, il doit devenir une partie du receveur. C'est la contradiction inhérente au don d'organes : on prend d'infinies précautions pour préserver l'organe vivant, intact, mais on affirme en même temps que le donneur était bien mort. Le tout est mort, vivent les parties !

C'est pour éviter cette personnalisation potentielle dangereuse que les intermédiaires, au lieu d'aider les receveurs à accéder à un état de dette positif plutôt que négatif, tentent de neutraliser le don en ne se contentant pas de dire que ce n'est pas sa vie personnelle que le donneur donne, mais en allant jusqu'à nier en un sens que ce soit un don de vie puisqu'ils réduisent le don à un produit : une pompe, un filtre... Mais on a vu qu'il existe une autre solution que de nier le don au nom de la dette et de la perte d'identité : c'est de le transformer en dette positive et d'aider le greffé à vivre cette expérience d'enrichissement de soi, comme un certain nombre de receveurs l'expérimentent malgré le système hospitalier. — L'étude de la transplantation en tant que don, en plus de montrer la source profonde des bonnes raisons de ne pas donner, pourrait conduire les intermédiaires à aider les receveurs à faire de cette terrible épreuve une expérience de dette positive...

La neutralisation sied au marché ou à l'État, mais ne convient pas au don. Le don d'organes en est une illustration dramatique. Alors que tout ce que le patient devrait souhaiter pour que la transplantation réussisse va dans le sens d'une neutralisation de l'organe, de sa banalisation, de son « oubli » comme on oublie le reste de notre système neuro-végétatif, et que le système hospitalier fait tout pour que le patient adopte cette attitude, des greffés semblent se complaire au contraire dans la personnalisation symbolique du greffon en le sur-investissant de la personnalité du donneur. C'est un phénomène extraordinaire : au lieu de « fonctionnaliser » l'organe, d'en faire un instrument, on le « pulsionnalise », pour utiliser le langage psychanalytique [Schwering, p. 224 *sq.*]. On en fait un sujet. Au lieu d'entrer dans un modèle d'auto-conservation, au lieu de chercher à « se conserver », on entre dans la dépense, dans la pulsion, dans le don.

## LE DON COMME EXPÉRIENCE D'UNE IDENTITÉ NON INDIVIDUALISTE

Au début de ce chapitre, nous nous sommes demandé s'il ne serait pas fructueux de renverser la question habituelle à propos du don : au lieu de se demander pourquoi on donne, essayer de comprendre pourquoi on ne donne pas. À partir d'une analyse du don d'organes, l'attention s'est recentrée sur le fait de recevoir, moment du don qui a été négligé par Mauss. En se demandant comment on peut recevoir un don aussi énorme, on a mis en évidence une raison fondamentale de ne pas donner : le don affecte l'identité. Positivement s'il est vécu dans un sentiment de dette positif, ou négativement autrement. Même si on en reste au strict plan biologique, le don d'organes fournit une sorte de grossissement à la loupe des dangers du don, de la difficulté de recevoir, et de l'importance du rejet. Recevoir est nécessaire, mais recevoir est dangereux. Il nous faut des mécanismes de défense.

En poursuivant l'analogie avec la transplantation d'organes, on pourrait dire que ceux qui se font toujours avoir dans le don sont des individus dont le système immunitaire social est défaillant. N'a-t-on pas affirmé, à propos du système immunitaire biologique, qu'il représente la meilleure définition scientifique de l'individualité (de l'identité) ? « Le système immunitaire possède une telle capacité d'auto-identification que pour l'instant il fournit la meilleure définition scientifique de l'individu » [Holland, 1991, p. 19].

Il y a d'ailleurs une correspondance entre le don d'organes et le don social. On a vu que les médecins font preuve de fortes réticences à accepter dans le don de rein d'autres donneurs que ceux qui sont biologiquement apparentés aux receveurs, et ce même s'il s'agit d'un ami [Fox, Swazey, 1992 p. 34]. Jusqu'à récemment, on refusait même les conjoints compatibles. Pour la profession médicale, le donneur devait être soit mort, soit génétiquement apparenté. Tout se passe comme si on adoptait la conception sociobiologique de l'altruisme : pour les sociobiologistes, l'altruisme chez des animaux sociaux comme les fourmis s'explique par l'intérêt génétique [Jaisson, 1993]. Et il est vrai que les personnes de qui on accepte de recevoir n'importe quoi sans se sentir menacé sont aussi le plus souvent les plus proches biologiquement. L'inconditionnalité (demander et donner n'importe quoi) existe surtout à l'intérieur des liens de parenté. C'est même une des définitions les plus fréquentes aujourd'hui des relations de parenté proche, comme on a pu le constater dans la première partie.

Le don d'organes est une sorte d'allégorie biosociologique du risque du don et du rejet que nous avons constamment envie de mettre en œuvre lorsque nous sentons notre identité menacée. Ce problème est particulièrement présent dans la société moderne où l'identité, l'authenticité sont des valeurs primordiales, une sorte de préalable à la définition de soi, au-delà des rôles sociaux que nous jouons[14]. On n'a pas à s'étonner que cette identité, toujours en voie d'édification et toujours fragile, soit facilement menacée et que le don en soit rendu d'autant plus difficile, mais aussi d'autant plus nécessaire puisque cette authenticité, cette identité, si on la définit comme une relation, doit se nourrir de don pour grandir et s'épanouir.

Mais le système hospitalier est inscrit dans le modèle étatique public et dans le modèle marchand. Il n'arrive pas de lui-même à assumer cette dimension profondément sociale de l'expérience du don, même si souvent certains de ses membres, notamment les infirmières, y parviennent. Ni le marché ni l'État n'assument ou ne portent l'essentiel de la société. L'essentiel se passe dans ses réseaux. Le marché et l'État, tout en étant des émanations de la société, sont pour ainsi dire à côté d'elle, à côté de ce qui se passe de plus important. La société est au-delà de l'État et du

---

14. À ce sujet, voir F. de Singly [1996], qui distingue entre le soi intime et le soi statutaire. Voir aussi Taylor [1991], Hoffman [1989].

marché [Donati, 1996, p. 170]. La société va au-delà d'elle-même dans la mesure même où elle laisse le don circuler au lieu de céder à la tentation, toujours présente, de retenir les choses : par insécurité, par peur de déchaîner les passions [Hirschman, 1977], par peur de perdre l'identité collective (racisme, xénophobie...). « Le contraire du don n'est pas d'abord l'égoïsme, l'intérêt ou la soif du pouvoir, mais la peur. La peur de perdre sa vie[15]. » Car le don est ce moment où la relation sociale prend le risque d'aller au-delà d'elle-même.

Le don est l'expérience de la société qui va au-delà d'elle-même, et de l'individu qui met en jeu son identité, au risque de la perdre. Le risque du don, c'est le risque identitaire. C'est pourquoi souvent on ne donne pas, c'est pourquoi on garde, ou encore on garde tout en donnant selon la formule[16] de A. Weiner [1988]. Cette anthropologue a montré que dans une société certaines choses ne peuvent pas circuler (ou encore : elles ne peuvent circuler que par transmission intergénérationnelle, attestant de l'identité parentale). Elles doivent être gardées pour soi, parce qu'elles représentent l'identité. Dans une étude du don aux monastères, Silber remarque avec raison qu'en s'intéressant à ce qui ne circule pas, un des grands mérites de Weiner a été de remplacer les considérations morales habituelles sur l'équivalence et la réciprocité dans l'échange par une insistance sur la constitution de l'identité à travers la définition des différences entre les personnes ou les groupes [Silber, 1995, p. 228].

Mais tant Wiener que Godelier se sont intéressés surtout au point de vue du donneur, celui qu'on adopte habituellement. Le don d'organes montre que certaines choses ne peuvent pas circuler, ou le peuvent difficilement, du point de vue du donneur certes, mais également du point de vue du receveur. Autrement dit, certaines choses non seulement ne peuvent pas être données, mais elles ne peuvent pas être reçues sans risque identitaire. Peut-être un cœur ne doit-il pas être recu comme don; pas être vendu non plus; peut-être ne doit-il pas circuler, sous aucune forme[17] [Waissman, 1996] — sauf peut-être s'il est reçu dans le registre

15. Guy Paiement, communication personnelle [1993].
16. Reprise par Godelier [1996].
17. Sauf peut-être comme un droit? On y reviendra plus loin.

de la dette positive.

Cet aspect est souvent négligé dans l'étude du don. Parce que, au-delà du problème de la dette, de la domination et de toutes les autres perversions du don si souvent pointées, on n'envisage pas souvent le don sous l'angle de l'identité. L'individu moderne a une identité fragile, justement parce qu'elle tend à être définie entièrement par la société. En réaction, il développe un besoin d'authenticité, c'est-à-dire d'une définition de lui-même qui existe en dehors des rôles sociaux qu'on lui attribue. Cela le conduit souvent à une attitude de repli, de résistance face au don parce que le don menace l'individualité.

La menace à l'identité constitue la bonne raison fondamentale de ne pas donner et ne pas recevoir. Pour que le don constitue au contraire un renforcement de l'identité, nous avons vu que, autant dans les liens primaires que dans le don aux inconnus, il doit être vécu sous le mode de la dette positive.

En ce sens, le don est l'expérience d'une identité non individualiste.

# Conclusion

## Le postulat du don. *Homo donator versus homo œconomicus*

### Le privilège paradigmatique de la raison utilitaire

Il existe aujourd'hui un paradigme dominant, le néolibéralisme. Dans les sciences humaines, il porte plusieurs noms : théorie des choix rationnels, rationalité instrumentale, individualisme méthodologique, utilitarisme, *homo œconomicus*, théorie économique néoclassique... Ces diverses appellations désignent des aspects différents du paradigme. Mais il y a un noyau dur commun à toutes ces théories. Elles visent à expliquer le système de production et surtout de circulation des biens et des services dans la société à partir des notions d'intérêt, de rationalité, d'utilité.

Encore assez modeste à l'époque de Mandeville et d'Adam Smith, la « raison utilitaire » [Caillé, 1989] a pris aujourd'hui une ampleur phénoménale, au point que l'individu moderne n'arrive plus à penser ce qui circule dans la société sans partir de ces notions et de ce modèle. « C'est à partir de la théorie de l'action rationnelle qu'il faut comparer les autres types de théorie », affirme Abell, ce qui confère à cette théorie ce qu'il appelle un « privilège paradigmatique » [1992, p. 188]. Que signifie cette expression ? D'une part, que ce paradigme est considéré comme un postulat, et qu'on a recours spontanément à ce schéma explicatif pour rendre compte des comportements des agents sociaux ; d'autre part, que tout autre postulat est illégitime et a donc besoin d'être démontré. En terminant cet ouvrage, c'est ce privilège paradigmatique que je voudrais mettre en question.

Que contient ce modèle ? Au-delà de ses innombrables variantes, deux notions sont fondamentales : celle de *préférence* et celle d'*optimisation*. Selon la première, l'individu agit selon ses préférences et il est le seul à savoir ce qu'elles sont. Le mot préférence est la façon de nommer l'intérêt[1], les valeurs, les fins, les besoins, les passions dans ce paradigme. Comment détermine-t-on ses préférences ? Là n'est pas la question pour cette théorie, qui se contente de chercher à savoir comment l'individu prend ses décisions une fois ses préférences fixées. La réponse à cette question, c'est la théorie de la rationalité instrumentale, avec la notion d'optimisation comme concept central. La rationalité instrumentale est une rationalité des moyens par rapport aux fins. Elle ne se prononce pas sur les fins.

> « [La théorie des choix rationnels] contient un élément qui la distingue d'à peu près toutes les autres approches théoriques en sociologie. Cet élément se résume en un mot : optimisation. Cette théorie affirme qu'en agissant rationnellement, l'acteur vise un certain type d'optimisation. Cette notion peut s'exprimer de différentes manières, en avançant par exemple que l'acteur maximise son utilité, ou qu'il minimise ses coûts, ou autrement. Mais quelle que soit la formule, c'est cette idée qui procure toute sa puissance à la théorie des choix rationnels : c'est une théorie qui permet de comparer les actions selon les résultats attendus et fait le postulat que l'acteur choisira l'action qui lui apporte le meilleur résultat. Sous sa forme la plus claire, la théorie exige que les bénéfices et les coûts de toutes les actions possibles soient connus et pose comme postulat que l'acteur prendra la décision "optimale", c'est-à-dire celle qui maximise la différence entre les coûts et les bénéfices » [Coleman, Fararo, 1992 p. xi].

---

1. Notons que l'intérêt ne se confond pas avec l'utilité au sens strict. Les préférences peuvent être de toute nature, et n'ont pas besoin d'être utiles. L'inutile est même le domaine privilégié du marché, quand on le compare à l'économie publique. Le gadget, le produit de couleur différente, l'apparence, tout est légitime pour le marché. Le marché a d'ailleurs progressivement déplacé son champ d'activités de l'utile à l'inutile (l'utile ne fait pas suffisamment augmenter le PNB). Il est à l'affût des moindres « passions » pour les satisfaire, surtout celles que les normes sociales officielles rejettent — ce qui lui en octroie le « monopole ». La raison marchande adhère au principe de Hume : « La raison est, et doit seulement être, l'esclave des passions » [cité par Elster, 1995, p. 140]. Les passions, dans tous les sens du terme, font partie des préférences, et le marché s'abstient de les juger.

Cette idée d'optimisation s'applique tant au niveau individuel qu'au niveau collectif. Car le modèle de l'*homo œconomicus* soutient que, en optimisant chacun leur intérêt individuel, les membres d'une société produisent un *optimum* de bien-être collectif.

*Aspects positifs*

Les opposants à ce modèle tendent à négliger ce qui le rend attirant, ce qui a pour conséquence d'affaiblir leur critique. Il est indéniable que l'intérêt existe et joue un rôle important. Ce point de départ est une bonne façon de ne pas prendre les humains pour ce qu'ils ne sont pas, et il constitue un bon mécanisme de protection contre les utopies totalitaires. Quant à l'idée que les intérêts privés conduisent au bien public, qu'il suffit d'être égoïste pour remplir ses devoirs envers la société, qui nierait que cette idée a de quoi faire rêver ? Car elle signifie que pour contrôler les passions, les désordres, et faire fonctionner la société pour le plus grand bonheur du plus grand nombre (Bentham), on peut se passer non seulement de l'appel à la vertu, mais aussi de l'autorité, de la tradition, etc.

Avec cette idée de souveraineté des préférences, neutres par rapport aux fins, le marché possède une structure qui respecte les valeurs de chacun. Ce respect est précieux dans la société moderne, laquelle ne se situe plus dans un cadre communautaire (la *Gemeinschaft* de Tonnies), mais dans un contexte où l'individu est envahi par une quantité invraisemblable de rapports sociaux, phénomène si bien décrit par Simmel. Tout membre de la société moderne est aux prises avec un nombre impressionnant d'instances et d'autorités qui essaient de lui dire quelles devraient être ses valeurs, ses préférences, qui essaient de lui dire ce qui est bon pour lui. Ce sont souvent des instances extérieures à sa communauté, et qu'il tend à considérer comme non légitimes.

Le refus de se prononcer sur les valeurs inscrit dans le concept de préférence est adapté aux sociétés pluralistes non communautaires où justement les valeurs et les normes de chacun sont très différentes. Autrement dit, ce modèle nous libère des relations sociales non voulues, innombrables dans une société pluraliste. Sans pour autant nous empêcher d'obtenir ce que nous désirons de l'autre — mais sans nous engager avec lui dans un rapport personnel. Ce que nous aimons tous spontanément dans le marché, c'est cette liberté. C'est cette facilité de sortir d'une relation qu'on n'aime pas, d'aller voir ailleurs. C'est *l'exit* [Hirschman, 1970].

Comment cette liberté est-elle possible et sur quoi est-elle fondée ? Cette liberté est fondée sur la *liquidation immédiate et permanente de la dette*. Le modèle marchand vise l'absence de dette au sein des rapports sociaux. Dans ce modèle chaque échange est complet (*clear*). Grâce à la loi de l'équivalence, chaque relation est ponctuelle. Elle est sans avenir et ne nous insère donc pas dans un système d'obligations. Ce type de relation qui semble aller de soi pour nous est en fait quelque chose d'inouï : ce n'est ni plus ni moins que l'émergence d'un lien social inédit, comme le montre Karl Polanyi [1957]. C'est la meilleure définition sociologique du marché : un lien social qui vise à échapper aux obligations normales inhérentes aux liens sociaux. C'est l'essence de la liberté moderne. « Dans ce jeu infini de la circulation d'équivalences, être un individu revient à ne rien devoir à personne » [Berthoud, 1994, p. 53]. La liberté moderne est essentiellement l'absence de dette. « Le couple constitué par l'individualisme et l'économie néoclassique essaie de fonder l'éthique du comportement de l'homme n'ayant aucune dette envers quiconque. Ce qui fonde la revendication de cette théorie d'être reconnue comme le discours de la liberté » [Insel, 1994, p. 88].

En résumé, ce modèle tire sa force du fait qu'il constitue une alternative à la hiérarchie imposée. Qu'il est fondé sur un principe d'autonomie et de liberté si bien décrit et défendu par Hayek et que la gauche classique orthodoxe a souvent eu la mauvaise grâce de ne pas vouloir reconnaître. Certes, c'est une relation sociale limitée, un lien faible, comme on le verra. Il entraîne également l'exploitation, l'injustice, l'exclusion... Certes. Mais à chaque fois que quelqu'un prétend non seulement savoir mieux que nous ce qui est bon pour nous, mais prétend aussi avoir l'autorité pour nous l'imposer (au lieu d'essayer de nous en convaincre), nous préfèrons le marché. Le marché est notre viatique contre tous ceux qui connaissent notre bien à notre place.

### *Limites et faiblesses*

Mais il y a un revers de la médaille. Car ce lien social que l'humanité est aujourd'hui prête à mondialiser, elle l'a jusqu'à récemment non seulement craint, mais souvent méprisé. C'est ce que montre l'anthropologie, mais aussi l'histoire de l'Occident. Faut-il rappeler que l'une des pires insultes faite à Ulysse pendant son célèbre voyage se produit lorsque le fils d'Alcinoos, chez qui il est reçu, le prend pour un marchand. « Ulysse vole, pile, tue, mais n'échange pas ! » [Temple, Chabal, 1995, p. 183]. Une attitude aussi négative doit bien avoir une raison. En fait elle en a plusieurs. J'aimerais insister sur l'une d'elles.

#### Le paradigme de la croissance

Pour ce faire, revenons sur le postulat des préférences. On l'a vu, c'est une théorie des moyens pour prendre une bonne décision, quel que soit le but ou les valeurs de la personne. Ce modèle est donc théoriquement neutre à l'égard des valeurs. Or le marché ajoute une condition de fonctionnement qui affecte cette neutralité : quelles que soient les valeurs, elles doivent pouvoir être transformées en marchandises, prendre la forme de produits qu'on écoule sur un marché — elles doivent pouvoir être « commodifiées ». La liberté est entière, mais à condition de traduire toutes les valeurs, toutes les croyances et toutes les passions en demande de biens (ou de services) à consommer. Or dire « on est neutre, mais à condition que vous consommiez, que vous vous inscriviez dans le modèle producteur-consommateur », n'est pas vraiment neutre. C'est ce que cache l'apparente neutralité des préférences.

Car pourquoi cette condition est-elle nécessaire ? Parce qu'il existe une valeur de base : la croissance. Le moderne a toutes les libertés par rapport aux liens sociaux, mais il n'a pas celle de ne pas contribuer à la croissance du PNB, de la production. Ce modèle tend donc à généraliser une valeur qu'on pourrait apeler la *valeur de produit*. Si, grâce à la modernité, nous nous sommes libérés de nos liens, nous devenons par ailleurs de plus en plus dépendants de nos biens, de nos produits, et surtout de la nécessité de produire toujours plus. Autrement dit, ce qui était le moyen (le produit) devient la fin. Il y a renversement du rapport fin-moyen.

Ce qui se définit au départ comme étant au service des préférences de chacun — la production — finit par être la valeur suprême, le but. Comment cela est-il possible ?

Les moyens contaminent la fin

C'est possible justement parce que tout ce modèle de la rationalité instrumentale est basé sur la distinction fin-moyen. Plus précisément, il est fondé sur l'étanchéité des deux ordres, des moyens par rapport aux fins. Or cette distinction fin-moyen ne tient pas. Le moyen contamine la fin. Combien de fois un moyen pour une fin devient lui-même une fin, au point que la fin devient secondaire ! Phénomène courant de la vie quotidienne. Même dans l'entreprise, c'est-à-dire dans la sphère sociale qui a quasiment inventé et développé le modèle de la rationalité instrumentale, une sphère qui est à la source de la rationalisation du monde. Un sociologue aussi reconnu que Michel Crozier écrit à son sujet : « Ce qui compte, ce n'est pas l'objectif précis que l'on vise, mais le cheminement, le développement, les voies à ouvrir » [Crozier, 1989, p. 200].

On sait que cette vision linéaire du lien entre fin et moyens a conduit l'utilitarisme à proposer, avec Bentham, le bonheur comme fin et à appliquer au problème du bonheur le schéma fin-moyen. Or la sagesse de l'humanité a toujours affirmé le contraire : pour *ne pas* atteindre le bonheur, la méthode infaillible consiste à le chercher en permanence.

C'est ce qu'illustre le paradoxe des égoïstes malheureux. Récemment, un professeur de psychologie a demandé à ses étudiants de dresser une liste de dix personnes qu'ils connaissent très bien et d'y indiquer si ces personnes sont heureuses, et également si elles sont plutôt généreuses ou égoïstes. Sur 1988 entrées, le résultat est clair : les personnes que l'on considère comme heureuses sont perçues comme généreuses dans 41,6 % des cas, et celles que l'on considère comme malheureuses tendent à perçues comme égoïstes. Et l'auteur de conclure :

> « Ces résultats contiennent un intéressant paradoxe : les individus égoïstes sont, par définition, ceux dont l'activité est entièrement consacrée à la recherche de leur bonheur. Et voilà que, à tout le moins tels que jugés par leurs proches, ces individus égoïstes sont plutôt moins heureux que ceux dont les efforts consistent à rendre les autres heureux » [Rimland, 1982, p. 522].

Ce schéma des choix rationnels, qui semble tellement aller de soi, ne correspond en fait pas souvent à la réalité des décisions. Ce n'est pas un modèle adéquat de l'action humaine. Il ne tient pas compte du fait que les moyens et les fins s'influencent en permanence, sous l'effet des émotions, des sentiments et des résultats de l'action précédente. Ce phénomène social doit être analysé non pas dans un modèle de hiérarchie linéaire, comme le fait la théorie des choix rationnels, mais dans le cadre de ce que Hofstadter [1980] appelle une « hiérarchie enchevêtrée ». Chaque décision est une aventure et une surprise. Le modèle de la rationalité instrumentale vise à éliminer cette dimension de la décision. « Par sa structure même, la théorie [des choix rationnels] ne s'applique qu'à des univers clos, à des mondes n'autorisant ni regrets, ni surprises » [Gérard-Varet, Passeron, 1995, p. 14]. Au nom de la liberté, on finit par soumettre les individus à un modèle mécanique et déterministe qui ne laisse aucune place à l'inattendu. Pour rendre compte des comportements réels, il faut une réflexion sur le lien entre les buts, les intentions, et les moyens ; il faut une théorie de la relation entre la fin et les moyens, ce qui n'existe pas dans la *rational choice theory*.

## L'ALTERNATIVE HOLISTE

Malgré ses attraits, on admettra donc sans peine que la rationalité instrumentale ne va pas sans problèmes. Et on n'a pas à s'étonner de la présence d'un autre paradigme important dans les sciences humaines : le holisme, développé surtout par des sociologues et des anthropologues [Dumont, 1983], le terme de holisme désignant ici de façon large toutes les théories qui partent de la société plutôt que de l'individu[2].

Illustrons ce paradigme holiste en présentant brièvement le mouvement pour la socio-économie. En 1988, le théoricien et sociologue américain des organisations Amitai Etzioni publie un ouvrage, *The Moral Dimension*, et lance l'année suivante un mouvement qu'il appelle la socio-économie (SASE, Society for the

2. Pour une critique des deux paradigmes dominant actuellement les sciences humaines, voir Alain Caillé [1996].

Advancement of Socio-Economics). Ce mouvement critique le monopole de l'économie néoclassique et se présente comme une alternative au paradigme utilitariste. Sans nier l'importance de l'intérêt dans l'explication des comportements des agents sociaux, ce « nouveau paradigme » (titre du premier chapitre du livre d'Etzioni) veut briser l'isolement de l'individu et le situer dans le contexte de ses rapports sociaux. Etzioni a des formules fortes pour exprimer ce paradigme relationnel[3] : « La société n'est pas une contrainte, ni même une opportunité, c'est nous » [p. 9]. Ce sens de la communauté va d'ailleurs le conduire à fonder également, quelques années plus tard (en 1993), le réseau communautariste (Communitarian Network) avec la revue *The Responsive Community*.

Plus spécifiquement, Etzioni veut réintroduire, comme le titre de son livre l'indique, la dimension morale. Les agents sociaux n'agissent pas seulement en fonction de leurs intérêts, mais aussi en fonction de normes et de valeurs. C'est la nature morale des actes qui éloigne les agents sociaux du paradigme de l'économie néoclassique. La morale, telle qu'Etzioni la définit, s'oppose de plusieurs manières au paradigme de la rationalité instrumentale. Ainsi, « les actes moraux sont motivés intérieurement et ne font pas l'objet d'une analyse fin-moyen. [...] Ils sont en opposition avec la rationalité instrumentale, laquelle repose sur des considérations de coûts et de bénéfices » [p. 43]. « Pour plusieurs chercheurs, le caractère souvent "instantané" des décisions morales montre qu'il s'agit de gestes qui ne font pas l'objet de délibérations » [p. 42].

Mais il ajoute également que le comportement moral s'éloigne de la recherche du plaisir. Etzioni tend à assimiler le plaisir à l'utilitarisme, et oppose le plaisir à l'acte moral et au sens du devoir. Cette inscription du plaisir dans le modèle utilitariste dominant et cette insistance sur le devoir font que le modèle de la socio-économie prête le flanc à la critique des tenants du paradigme dominant, au nom de la liberté. Certes, Etzioni affirme que ce sens du devoir n'est pas une contrainte extérieure à l'individu [p. 46] : ce sont des normes « intériorisées ». Il définit l'intériorisation comme le processus de socialisation par lequel

3. Qu'il appelle le « I and We paradigm » (idée de Baldwin).

les personnes apprennent « à se conformer à des règles dans des situations les incitant à les transgresser en l'absence de surveillance et de sanctions » [p. 45 — citation de Kohlberg]. Mais il s'agit quand même de se conformer, d'obéir à des règles.

La socio-économie consiste à montrer que l'intérêt n'explique pas tout, qu'il y a aussi les normes, les règles, les valeurs, la morale, le devoir. Mais ces normes tendent à être conçues comme des obligations extérieures. On est alors aussitôt tenté de s'en libérer et de se tourner vers le paradigme dominant. C'est le problème, classique en sociologie, de l'intériorisation des normes. La socio-économie est ainsi confrontée au problème le plus important des modèles sociologiques face au paradigme dominant : celui de penser la liberté dans le contexte du contrôle social. Comme tous les modèles sociologiques, sa faiblesse réside, face au modèle de l'économie libérale, dans l'absence d'un « moteur » de l'action immanent à l'acteur. Comme l'avait noté Durkheim [1992, p. 615-616],

> « le philosophe Kant a essayé [...] de ramener l'idée de bien à l'idée de devoir. Mais c'est une réduction impossible [...] Il faut que la morale nous apparaisse comme aimable [...], qu'elle parle à notre cœur et que nous puissions l'accomplir même dans un moment de passion ».

## MAIS POURQUOI DIABLE ! DONNE-T-ON ?

À s'en tenir à ces deux paradigmes, les sciences sociales se retrouvent face à l'alternative suivante : soit le comportement est libre, mais il ne peut relever que du modèle de la rationalité instrumentale ; soit le comportement est plus ou moins contraint ou déterminé par des normes, par l'obéissance à des règles. Dans le cadre de ce postulat de l'intérêt, le phénomène du don ne peut donc relever que de deux types d'explication : soit on donne pour recevoir, par intérêt, et alors le phénomène s'explique par le paradigme dominant ; soit ce n'est pas par intérêt mais parce qu'on a été socialisé, qu'on a appris à donner, qu'on a intériorisé des normes qui nous poussent à donner.

Or aucun de ces deux paradigmes ne peut rendre compte du don. Montrons-le en reprenant quelques caractéristiques du don présentées précédemment.

### *Le don ne relève pas du modèle marchand*

Une première caractéristique d'un système de don réside dans le fait que les agents sociaux cherchent à s'éloigner volontairement de l'équivalence. Cela ne signifie pas que le don est unilatéral. Il peut l'être, mais ce n'est pas une caractéristique essentielle au don. Au contraire, généralement, il y a retour, et souvent plus important que le don. Mais le retour n'est pas la fin. On applique au don, à tort, le modèle linéaire fin-moyen en faisant le raisonnement suivant : il a reçu après avoir donné, donc il a donné pour recevoir; le but était de recevoir, et le don était un moyen. Le don ne fonctionne pas de cette manière. On donne, on reçoit souvent plus, mais le rapport entre les deux est beaucoup plus complexe, et le modèle linéaire de la rationalité instrumentale est incapable d'en rendre compte.

Pourquoi cet éloignement volontaire du modèle fin-moyen et de la recherche de l'équivalence ? Parce que, si, comme on l'a vu, le marché est fondé sur la liquidation de la dette, le don est au contraire fondé sur la dette. Dans les chapitres précédents, on l'a observé autant dans les liens primaires que dans le don aux inconnus.

La dette volontairement entretenue est une tendance essentielle au don comme la recherche de l'équivalence est une tendance du modèle marchand. Les partenaires d'un système de don sont dans un état de dette, négatif ou positif. Si c'est un état positif, cela signifie que chacun considère devoir beaucoup aux autres. Ce n'est pas une notion comptable. Le système de don se situe donc à l'opposé du système marchand non pas parce qu'il serait unilatéral, mais parce que ce qui caractérise le marché, comme on a vu, c'est la transaction ponctuelle, sans dette.

### *Le don ne relève pas du paradigme holiste*

Mais alors, rétorquera-t-on, si ce système maintient, sous la forme de la dette, l'obligation dans la relation, il relève du modèle holiste. Or on constate qu'on ne peut pas appliquer non plus le paradigme holiste au don — ni en général, ni dans sa version de la socio-économie qu'on a brièvement présentée, à cause des caractéristiques suivantes du don :

— les acteurs valorisent le plaisir dans le don. Un don fait par obligation, par obéissance à une norme, est considéré comme un don de qualité inférieure. On a vu que la morale du devoir était fondamentale à la socio-économie. Elle est secondaire dans le don.

— plus généralement, le rapport du don aux règles l'éloigne du paradigme holiste (comme du modèle individualiste). En effet les membres d'un système de don ont un rapport très particulier aux règles. D'abord, les règles du don doivent être implicites. Ainsi il est de très mauvais goût de laisser le prix sur un cadeau, et même d'y faire allusion. En outre, il existe une tendance générale chez les acteurs à nier l'obéissance à des règles dans un geste de don. Certes, dans certains secteurs comme le don aux inconnus, le don a plus tendance à obéir à une norme morale. Et de nombreux comportements de don obéissent à une convention sociale. Mais ces dons sont considérés comme étant de qualité inférieure par les acteurs sociaux. Le « vrai » don est celui dont le sens n'est pas de se conformer à une convention sociale ou à une règle, mais d'exprimer le lien avec la personne, réel ou symbolique (comme on l'a vu à propos du don d'organes).

— nous avons vu que cette tendance va même jusqu'à nier l'importance du don lui-même. La négation de l'importance du don par le donateur est l'un des comportements les plus étranges qui soient à première vue. Pour l'expliquer, nous sommes arrivés à la conclusion que de cette manière, le donateur diminue l'obligation de rendre et en conséquence rend l'autre libre de donner à son tour. Si ce qu'on lui a donné n'est rien, il n'est pas tenu de rendre, il est libre de donner; et s'il donne, ce sera vraiment un don aussi. On donne ainsi au receveur la possibilité de faire un « vrai » don au lieu de se conformer à l'obligation de rendre. « On ne donne pas pour recevoir; on donne pour que l'autre donne » (Lefort)... On constate ainsi que les acteurs du don introduisent volontairement et en permanence une incertitude, une indétermination, un risque dans l'apparition du contre-don. Afin de s'éloigner le plus possible du contrat, de l'engagement contractuel (marchand ou social) et aussi de la règle du devoir — en fait de toute règle universelle. Pourquoi ? Parce que cette dernière a la propriété d'obliger l'autre indépendamment de ses « sentiments » à mon égard, indépendamment du lien qui existe entre l'autre et moi.

— il y a donc de la liberté dans le don. Le comportement des médecins face à la transplantation rénale quant il s'agit d'un donneur vivant montre l'importance de la liberté dans le don. Ils préfèrent ne pas prendre le rein offert par le donneur — et risquer ainsi la vie du receveur — plutôt que d'avoir un doute sur la liberté du geste du donneur et de penser qu'il obéit à des pressions sociales (familiales en l'occurrence). Mais ce n'est pas le même type de liberté que dans le marché. La liberté dont il s'agit ici ne se réalise pas en liquidant la dette et ne réside pas dans la facilité pour l'acteur de sortir de la relation; elle se situe au contraire à l'intérieur du lien social et consiste à rendre le lien lui-même plus libre en multipliant les rituels qui visent à diminuer le poids de l'obligation au sein de la relation. Le don est un jeu constant entre liberté et obligation. La plupart des caractéristiques du don se comprennent lorsqu'on les interprète par rapport à ce principe de la liberté des acteurs.

## DON ET THÉORIE SOCIOLOGIQUE

Ce système social qu'est le don est donc différent à la fois du paradigme dominant et du modèle holiste. Et cette valorisation de la liberté de l'autre rend même le système de don différent de la plupart des modèles sociologiques. Pour illustrer ce point, prenons l'exemple de l'analyse stratégique, un modèle d'action très connu en sociologie des organisations. Comparons brièvement ces deux approches des systèmes sociaux que sont le don et l'analyse stratégique.

Dans le cadre de l'analyse stratégique, on considère que chaque acteur, pour accroître son pouvoir et son contrôle sur l'organisation, essaie de réduire ce qu'on appelle « sa zone d'incertitude ». Pour Michel Crozier, l'homme est doté d'un « instinct stratégique » qui le pousse à réduire les incertitudes dans les situations d'interaction afin d'accroître son pouvoir [Friedberg, 1993, p. 210]. Réduire la zone d'incertitude signifie réduire la liberté de l'autre pour accroître la sienne.

Or l'observation de la circulation du don conduit à penser qu'un agent social est aussi porté, dans certaines relations sociales, non pas à réduire, mais au contraire à créer et à maintenir des zones d'incertitude entre lui et autrui, pour accroître la valeur des liens sociaux qui lui tiennent à cœur. Dans le rapport de don, l'acteur vise non pas à limiter la liberté des autres, mais à l'accroître, car c'est la condition de la valeur qu'il va accorder au geste de l'autre. Nous disons qu'il tend à accroître l'incertitude parce qu'il tend à réduire en permanence chez l'autre tout sentiment d'obligation, même si les obligations sont toujours présentes par ailleurs. L'acteur d'un système de don tend à maintenir le système dans un état d'incertitude structurelle pour permettre à la confiance de se manifester. C'est pourquoi les normes, quelles qu'elles soient (justice, égalité, etc.), doivent continuellement être transgressées, changées, dépassées. Il faut que se produise quelque chose de non prévu dans ce qui est obligatoire.

On est en présence de deux logiques : celle de l'analyse stratégique qui porte les acteurs à réduire la liberté des autres et celle du don qui tend à l'accroître. Ce ne sont pas des caractéristiques individuelles, mais celles de deux systèmes sociaux. D'ailleurs on a observé que la même personne adoptera l'un ou l'autre modèle selon le système d'action dans lequel elle se situe avec les autres agents. Même si, tous ces systèmes étant des types idéaux, l'analyse d'un système social concret montre un mélange variable des différents modèles, ces propriétés des systèmes de don ne se retrouvent pas dans la logique de l'analyse stratégique et dans les systèmes d'action qu'elle étudie.

D. Sciulli affirme que « la grande force de la théorie des choix rationnels réside dans ce fait que pour rendre compte de l'ordre social et de la solidarité collective, les tenants de cette théorie résistent autant que faire se peut à en appeler à la prétendue intériorisation par les acteurs de normes partagées » [Sciulli, 1992, p. 161]. Or l'aproche par le don adopte la même attitude. Comme la théorie des choix rationnels, le modèle du don considère comme suspecte l'explication par des normes obligatoires qui s'imposeraient aux acteurs. Sous cet angle, le don a une parenté évidente avec la théorie des choix rationnels et l'individualisme méthodologique.

Mais il en est également très éloigné, puisque la liberté y est finalement plus importante que dans le modèle économique lui-même, le modèle du don étant le seul système d'action qui incite ses membres à accroître la liberté des autres. En outre, il demeure fondamentalement différent du modèle des choix rationnels parce qu'il est fondé sur la dette.

Ce modèle ne relève donc d'aucun des deux paradigmes dominants. La non-équivalence, la spontanéité, la dette, l'incertitude recherchée au cœur du lien l'opposent à la théorie des choix rationnels et au contrat. Mais le plaisir du geste, la liberté l'opposent à la morale du devoir et aux normes intériorisées du modèle holiste.

Le don oblige à sortir de ces deux paradigmes et à chercher autre chose. Voilà pourquoi on peut dire que le don pose problème aux deux grands paradigmes des sciences sociales. Dans les termes d'Elster, on pourrait dire que le don met en évidence les « vices » des deux paradigmes établis[4] : « Si le vice des économistes est de tout comprendre en fonction des intérêts, le vice sociologique est de voir en l'homme l'exécutant passif des normes sociales » [Elster, 1995, p. 144].

Mais peut-on franchir un pas de plus ? On a vu que la raison utilitaire possède un privilège paradigmatique. J'aimerais suggérer que non seulement le don ne peut pas être expliqué par les deux paradigmes qui règnent sur les sciences humaines, mais qu'il remet également en question ce privilège paradigmatique.

### *Raison utilitaire et holisme : un même ressort de l'action humaine*

Avec la raison utilitaire et le holisme, on dispose apparemment de deux principes d'explication de l'action humaine : l'intérêt et l'intériorisation des normes. Mais y a-t-il vraiment deux principes ? Pourquoi faut-il absolument postuler que les comportements dont le moteur n'est pas l'intérêt doivent être appris,

4. Ce problème des deux approches a été discuté par de nombreux auteurs, dont le plus connu est peut-être Wrong et son concept de « sursocialisation de l'homme » dans la sociologie moderne (*oversocialized conception of man*) [1961]. À ce sujet, voir Caillé [1996].

intériorisés ? En posant cette question, on revient au problème du privilège paradigmatique du modèle de l'intérêt. Car si on doit supposer que tout comportement non régi par le modèle de l'*homo œconomicus* a besoin d'être intériorisé par les agents sociaux, c'est bien parce que, au bout du compte, on fait le postulat que *seul l'intérêt est naturel,* seul l'intérêt n'a pas besoin d'être appris, seul l'intérêt n'a pas besoin d'explication.

En fait le privilège paradigmatique de l'*homo œconomicus* et le fait que l'autre paradigme soit en quelque sorte condamné à concevoir l'acteur social comme « l'exécutant passif des normes sociales » (Elster) sont une seule et même chose. Car c'est parce qu'on ne reconnaît qu'un seul ressort (*spring*) réel de l'action humaine — l'intérêt — que tout modèle qui sort de l'intérêt est confronté au problème sans solution de l'intériorisation des normes, puisqu'elles ne peuvent pas être naturelles. Seul l'intérêt jouit de ce privilège d'être naturel en sciences sociales.

Or le modèle du don ne se satisfait ni du postulat de l'intérêt, ni de l'intériorisation des normes. Voilà pourquoi le don non seulement pose problème, mais, sous sa forme la plus radicale, remet en question le privilège paradigmatique de l'intérêt et conduit à la nécessité de postuler un autre ressort psychologique à l'action humaine, et de *le poser comme postulat au même titre que l'intérêt.*

Pour faire ce postulat, il est toutefois nécessaire de renverser notre manière habituelle de penser afin d'en arriver à imaginer un instant que « produire pour donner est un autre moteur que produire pour accumuler » [Temple, 1996, p. 5], et que si on ressent le besoin de croire que tout comportement de don est le résultat d'un apprentissage, de normes intériorisées, c'est peut-être qu'on a été socialisé à penser de cette manière en tant que moderne !

À côté de l'intérêt, de « l'appât du gain », l'analyse du don conduit à postuler « l'appât du don ». À côté de *l'homo œconomicus, l'homo donator*.

Toute théorie de la société a besoin d'un postulat psychologique[5] [Coleman, Fararo, 1992]. Mais le privilège paradigmatique

5. Moscovici a consacré un ouvrage [1998] à ce thème.

actuel de la *rational choice theory* oblige toutes les théories sociologiques à s'enfermer dans le corset d'un seul. Personnellement je suis de plus en plus convaincu que la thèse de l'appât du gain comme seul moteur de l'action humaine n'a rien d'évident, et que celle de l'appât du don comme postulat n'est pas si farfelue.

### *L'intérêt comme postulat unique est-il une évidence ? La question de la confiance*

L'intérêt comme seul moteur naturel de l'action humaine[6] n'a rien d'évident, et ce même dans la théorie économique. À titre d'illustation, mentionnons toutes les analyses sur la confiance qui se développent actuellement et qui arrivent à la conclusion que la confiance, tout en étant nécessaire à l'échange économique, ne peut naître entre des individus qui n'agissent qu'en fonction de leur propre intérêt.

Très peu d'auteurs relient ce thème de la confiance au don[7]. Toutefois, un ouvrage de L. Cordonnier [1997] s'y consacre. L'auteur se propose de démontrer deux propositions dont nous ne retiendrons que la première pour l'instant : l'insuffisance, même pour des individus qui cherchent leur intérêt, de « l'hypothèse de l'individu égoïste et rationnel et du "théorème de la main invisible" » [p. 4].

> « La thèse [...] est que l'intérêt individuel est insuffisant pour fournir le principe de l'échange [...] À un endroit ou un autre, l'échange économique contrarie l'intérêt individuel. [...] Lors même

6. Les deux paradigmes se présentent comme s'appliquant au domaine de l'action humaine. On entend ici par action humaine le domaine du comportement non entièrement déterminé, où existe un minimum de liberté, soit le champ d'application des paradigmes individualiste et holiste. Car il y a par ailleurs le domaine des passions incontrôlées, animales, ou encore les réflexes. Ainsi, selon Gérard-Varet et Passeron, on a d'un côté les actions auxquelles on peut appliquer la notion de rationalité — et qui ont « pour point commun de toujours supposer (et d'exiger pour avoir un sens) qu'un *choix* soit offert aux acteurs —, et de l'autre un domaine de l'action humaine où la notion de choix ne s'applique pas, n'est pas pertinente. Un comportement peut être instinctif, impulsif, réflexe, répétitif, etc., bref *contraint* par toutes sortes de déterminations » [1995, p. 17 — c'est moi qui souligne].

7. Par exemple Fukuyama [1995] ne dit pas un mot du don dans un livre dont le titre est *Trust*...

> que le motif de l'échange est l'intérêt, ou l'appât du gain, il faut d'abord savoir céder ou perdre quelque chose pour obtenir ensuite ce que l'on désire. C'est le mouvement même de l'échange qui veut cela » [p. 8]. « [...] le dilemme que l'on retrouve dans l'échange marchand [...] se joue [...] entre l'intérêt, le gain ou l'utilité individuelle qui en fournit le moteur, et l'obligation de coopérer qui en constitue le processus [et qui conduit l'acteur à] mettre son intérêt en jeu » [p. 9]. « Certaines situations économiques exigent que les agents se départissent rationnellement de leur rationalité économique pour atteindre leurs fins [...] économiques » [p. 11].

Pour sa démonstration, l'auteur utilise le célèbre jeu du « dilemme du prisonnier » dans lequel les joueurs, s'ils suivent leur intérêt, gagnent moins que s'ils se faisaient confiance et coopéraient.

Il note d'abord que le modèle économique, en « se focalisant sur le principe d'équivalence » [p. 16], lui-même entièrement réglé par la concurrence, « apanage du marché » [p. 17], a tendance à évacuer le déroulement de l'échange. La main invisible (le mécanisme des prix) dispense de se poser la question de la manière dont se déroule l'échange réel. Elle introduit un modèle mécanique. Il est vrai que cet automatisme correspond à des échanges réels de plus en plus nombreux, où justement on « fait affaire » avec des machines distributrices et des guichets automatiques en tous genres. Mais cela n'élimine pas la nécessité de rendre compte des échanges d'un autre type, entre humains, où il se passe quelque chose d'autre, et qui demeurent fondamentaux même en économie. Ces autres échanges — les plus importants — peuvent être appréhendés, selon Cordonnier, à partir du dilemme du prisonnier qui constitue l'archétype des échanges marchands non réglés mécaniquement. On y constate qu'en recherchant leur intérêt seulement, les agents arrivent à une solution moins favorable à leur intérêt que s'ils avaient tenu compte de l'intérêt de l'autre. Le dilemme du prisonnier contredit la fable des Abeilles de Mandeville : en recherchant égoïstement son bonheur individuel, on n'atteint pas le bonheur du plus grand nombre. Et le dilemme du prisonnier sape le fondement de l'économie politique libérale. C'est « l'archétype des situations dans lesquelles l'intérêt individuel fait échec à la coopération [...] et fait échec à l'intérêt individuel » [p. 59]. On y a toujours intérêt à faire défection, mais en faisant défection, on atteint une solution moins souhaitable que si on avait coopéré. L'horreur pour tout économiste libéral[8] !

Tout cela sur le plan théorique. Mais que se passe-t-il lorsqu'on expérimente ce jeu sur des sujets réels [p. 83] ? Il se passe qu'en fait, les individus coopèrent le plus souvent [p. 84-87].

> « Des centaines d'expériences récentes révèlent un refus têtu d'une proportion significative des sujets (habituellement entre 25 % et 35 %) d'adopter un comportement individualiste intéressé, et ce même si on leur assure l'anonymat et s'il n'existe aucune possibilité de sanction par le groupe » [Mansbridge, 1990, p. 17].
>
> « Peut-être coopèrent-ils parce que l'autre coopère, ce qui n'est pas une manière économiquement rationnelle de jouer » [Cordonnier, p. 86].

Et L. Cordonnier de conclure :

> « Des éléments étrangers au principe d'économie viennent se greffer sur les relations de personne à personne, de sorte que même dans des situations où la nature de l'enjeu est manifestement économique, le règlement ou l'accomplissement de la relation fait appel à des principes d'action davantage orientés vers la quête de la réciprocité » [p. 87-88].

Si le postulat du moteur unique de l'action humaine peut être remis en question même au sein d'enjeux économiques, on peut en déduire qu'il n'est pas aussi évident qu'on le suppose dans l'ensemble des comportements humains.

### *Le postulat du don est-il farfelu ?*

Le raisonnement de Cordonnier illustre la faiblesse du postulat de l'intérêt comme seul moteur de l'action humaine. Il fonde ainsi le besoin d'un autre postulat. Mais pourquoi le don ? N'est-ce pas idéaliste, voire farfelu ? À défaut de pouvoir répondre ici à cette question de manière satisfaisante, nous nous contenterons d'évoquer quelques pistes et de mentionner quelques éléments en faveur de l'introduction de ce postulat — scandaleux pour un moderne qui considère que le don doit nécessairement être expliqué socialement et ne doit donc pas être posé comme postulat.

8. Le modèle du don « pur » conduit probablement au même dilemme, comme l'illustre l'histoire des deux altruistes qui n'arrivent jamais à franchir le seuil de la porte !

Un premier élément est essentiel pour justifier le réalisme du postulat du don : le don doit être efficace, au sens où il doit y avoir un retour du don, souvent plus grand que le don. Posons en effet qu'il existe des personnes généreuses, adoptant le postulat du don dans leur comportement. Si ces personnes se font toujours avoir, ou si elles donnent sans jamais recevoir, elles vont finir par disparaître. Il est donc essentiel, pour que donner soit une position réaliste, que le don soit efficace au sens où celui qui donne reçoive en retour, soit renforcé dans son existence matérielle, car après tout, comme dit Frank[9], « [...] on vit dans un monde matériel et à long terme, les comportements les plus profitables matériellement devraient dominer » [1988, p. 211].

Or comme on vient de le voir, c'est effectivement ce que montrent les expériences inspirées du dilemme du prisonnier : la coopération est plus rentable que le calcul rationnel intéressé individuel. Mais se pose alors le problème inverse, car on s'empressera aussitôt de conclure que si on reçoit, le don n'existe pas. Le fait de recevoir en retour serait la preuve qu'on l'a fait pour recevoir et donc que le « vrai » don n'existe pas, que c'est une hypocrisie. Or, répétons-le, nous avons vu qu'il s'agit d'un raisonnement et d'une conclusion erronnés, qui confondent le fait du retour et l'intention du retour. Le fait ne démontre pas l'intention. Le fait que le don rapporte n'explique pas le comportement altruiste au sens où il n'en est pas la cause. Il ne prouve pas que le don a été fait dans ce but. Il ne prouve rien comme l'illustre la situation inverse du marchand qui n'obtient rien en retour tout simplement parce qu'il a fait de mauvaises affaires. Personne n'en conclura qu'il a fait un don. Il y a une erreur logique à confondre ce qui circule et le sens de ce qui circule pour les acteurs.

Mais allons plus loin. On peut en fait montrer que pour que le don soit « payant » à terme, *il ne faut pas* qu'il soit fait dans ce but. Dans le don, on gagne à la condition de ne pas être intéressé à gagner, de ne pas adopter le schéma de l'intérêt individuel, de ne pas calculer. C'est ce que nous avons appelé, dans *L'Esprit du don* [1992], le paradoxe de Dale Carnegie. Ce dernier, dans son célèbre ouvrage [1939], conseille à ceux qui veulent atteindre leur objectif (individualiste) de s'intéresser aux

9. Toute cette section s'inspire de l'ouvrage de Frank [1988].

autres et, ajoute-t-il — et c'est là tout le paradoxe —, de le faire sincèrement. « *Make the other person feel important and do it sincerely* » [p. 111].

Comment cet étrange retour qui n'existe qu'à condition de ne pas être voulu s'explique-t-il ? Pour développer la réputation d'altruiste, il faut l'être réellement. Pourquoi ? Pour plusieurs raisons que Frank résume ainsi :

— comme l'ont montré de nombreuses expériences en psychologie, « pour que le modèle fonctionne, la satisfaction [...] doit être intrinsèque à l'acte lui-même. Si elle provient seulement du gain matériel envisagé, l'individu n'aura pas la motivation suffisante pour s'imposer les sacrifices nécessaires » [p. 253]. L'individu qui n'est pas sincère manquera de motivation.

— mais plus importante encore est la question de la confiance : « L'individu honnête [...] valorise la fidélité en elle-même. Qu'il puisse recevoir une récompense matérielle ne le concerne pas. Et c'est précisément à cause de cette attitude que les autres lui font confiance dans des situations où il est impossible de vérifier son comportement. [...] Et c'est parce que les personnes dignes de confiance sont payées de retour que ce trait de personnalité peut se perpétuer » [p. 69].

Dans son raisonnement, l'auteur introduit donc une distinction claire entre le sens (l'intention, la motivation) du geste et son résultat. Le même raisonnement s'applique au don. Pour susciter l'envie de donner, il faut avoir la réputation de générosité — il faut qu'on considère que le don n'a pas été fait dans le but de recevoir un retour. C'est à cette condition que le don enclanche la spirale du don, que le don appelle le don. Or pour établir cette réputation, il faut le penser sincèrement. Car il n'est pas possible de jouer le jeu à long terme, la personne va manquer de motivation (il existe évidemment des exceptions, mais elles ne changent pas la règle). Bref, le don est réaliste parce qu'il y a retour, mais il existe parce que, pour qu'il y ait retour, il ne doit pas être fait pour cela. « Le dilemme des rationalistes qui ne pensent qu'à leur intérêt, c'est que par leur comportement, ils tendent à s'exclure de nombreux échanges très profitables ! » conclut Frank [p. 229].

Le paradoxe de Carnegie se résoud en introduisant la distinction entre l'effet constatable et l'effet voulu d'une part, entre le niveau collectif et le niveau individuel d'autre part. Il est vrai qu'au niveau des effets objectifs (des résultats), s'il n'est pas payant d'être altruiste, la théorie de l'évolution rejoint alors le modèle de l'intérêt pour affirmer avec raison que le modèle de l'altruisme est perdant à long terme (même s'il peut exister chez quelques individus). C'est une sorte d'anomalie qui n'a aucune chance de gagner dans le grand jeu de la survie, puisque par définition l'altruiste choisit une « stratégie » perdante. Mais la conséquence non voulue de ce choix est profitable. C'est toujours la distinction entre l'intention et le résultat qui est à la base de tout et qui rend compte de ce paradoxe qu'il peut être payant de ne pas rechercher son propre intérêt, à condition de le faire sincèrement. Un modèle linéaire de l'action humaine comme celui des choix rationnels ne peut pas facilement appréhender de telles « boucles étranges » [Hofstadter, 1980].

Reste la question de l'origine de cette propension à donner. Pour fonder le caractère « naturel » du don (au même sens que l'intérêt est naturel, rappelons-le), on pourrait invoquer des auteurs qui mettent en évidence l'altruisme des animaux [Moussaieff Masson *et alii*, 1997; de Waal, 1995]. Dans un chapitre portant sur l'altruisme et la compassion (qu'il distingue du gène égoïste de Dawkins : on aide sa progéniture ou sa fratrie pour sauver ses propres gènes), Moussaieff Masson donne d'innombrables exemples d'animaux ayant aidé non seulement des non-apparentés, mais même des membres d'autres espèces. Rappelons également que de nombreuses recherches en psychologie de l'enfant tendent à montrer que le besoin de donner existe dès la naissance. « Loin d'être le fruit d'un long apprentissage comme le veulent les théories classiques du développement, donner est une activité très précoce du bébé » [Le Goff, Garrigues, 1994, p. 54].

Enfin, on peut penser que les sociologues ont toujours ressenti un certain malaise face à cette question de l'intériorisation des normes qui faisait d'eux les défenseurs du contrôle social et de la communauté fermée face au modèle économique qui détenait pour ainsi dire le « monopole » de la liberté ! Mais ils n'ont pas « osé » faire le postulat du don, ce qui les a conduits à chercher un moteur de l'action dans le postulat de l'*homo œconomicus* pour résoudre ce problème de la contrainte sociale qui les place dans une situation délicate. On peut se demander si le succès actuel de la théorie des choix rationnels en sociologie n'est pas en partie le résultat des efforts des sociologues pour trouver une théorie psychologique... Ne disposant pas de moteur psychologique de l'action autre que la problématique intériorisation des normes, la solution qui s'est progressivement imposée fut d'importer la théorie psychologique propre à la théorie économique et de la généraliser. De Homans à Blau, à Coleman, c'est ce qui expliquerait le succès du concept de *social capital*. C'est en tout cas explicitement pour cette raison que Coleman a proposé ce concept dans son article de 1988, transformant ainsi le lien social en moyen, en ressource pour autre chose. « L'acteur des sociologues, disait-il, a une infirmité rédhibitoire (*fatal flaw*) : il ne possède pas de *engine of action* » [p. 96].

Pourtant, la plupart des modèles sociologiques sont évolutionnistes et présentent donc toujours les sociétés humaines originelles comme composées de membres enfermés dans une communauté où tout appartient à tous, plus près donc d'une sorte de modèle de « don primitif » que de celui de l'intérêt. Dans ce modèle, la liberté a progressivement émergé et est en fait une conquête de la modernité elle-même. Si la liberté et l'identité individuelle ont émergé à partir d'un lien social communautaire contraignant, la crainte de perdre son identité apparaît alors comme une motivation fondamentale à ne pas donner. Mais inversement, ne peut-on pas conclure de tout cela qu'il existe dans la pensée sociale un postulat implicite : celui qu'il y aurait une tendance naturelle (dangereuse d'ailleurs comme chacun sait) chez l'humain à se sacrifier, à se perdre pour la société, et donc que le postulat du don n'est pas si farfelu[10] ? L'individu moderne serait alors le résultat d'une conquête faite contre cette tendance naturelle : celle de l'intérêt personnel comme but légitime [Hirschman, 1977], ayant même des effets positifs pour la collectivité.

## DE QUELQUES IMPLICATIONS POUR L'ÉTUDE DU DON

La théorie des choix rationnels (optimisation des préférences) qui domine les sciences humaines conduit à examiner le don en se demandant pourquoi on donne. Quelles peuvent bien être les

10. Mais il a certes perdu son caractère inoffensif !

bonnes raisons de donner puisque, étant donné le postulat de l'intérêt, c'est-à-dire la tendance naturelle à recevoir plutôt qu'à donner, il n'y en a aucune *a priori* — bien au contraire. Cette approche conduit au dilemme, classique en sociologie, de l'intériorisation des normes, et à l'idée qu'une dose minimale de holisme est nécessaire pour fonder toute théorie du don. Le don doit être expliqué, socialement expliqué.

Nous sommes arrivés à remettre en question ce postulat, et à faire du don lui-même un postulat. C'est-à-dire à poser une tendance naturelle à donner, une sorte de *pulsion de don*, comme il en existe une à recevoir. — Naturel veut dire ici quelque chose comme une « externalité », comme disent les économistes à propos des valeurs, des normes, de tout ce qui est subsumé par eux sous la notion de préférence et est « déjà là », « donné » ; ou comme dans la célèbre tendance « naturelle » à échanger que postule A. Smith. Polanyi [1944] a bien montré, après Mauss [1924], que rien n'était moins évident.

Cette position nous affranchit en quelque sorte du modèle dominant. Le don n'est plus quelque chose qui cloche dans le cadre d'un modèle qui n'est pas fait pour lui, et qui s'est en partie construit contre lui.

L'affirmation de ce postulat a des conséquences importantes pour l'étude du don. Présentons-en brièvement quelques-unes.

### *Un renversement de perspective*

L'adoption ici même d'un tel postulat a conduit à renverser le sens de la question qu'on se pose habituellement. Si le don est un postulat, la question devient : qu'est-ce qui empêche de donner ? Quelles sont les bonnes raisons de ne pas donner ? L'étude du cas du don d'organes a mis en évidence le fait que la relation de don affecte l'identité et que la principale « bonne raison » de ne pas entrer dans le cycle du don (à titre de donneur ou de receveur) pourrait bien être la menace que le don fait peser sur l'identité. Autrement dit, autant le don peut constituer un ingrédient essentiel à la construction et au renforcement de l'identité, autant il peut être vécu négativement sous ce rapport. Il est alors préférable de lui substituer un autre principe de circulation des choses : le droit ou le marché.

Ce renversement ne me paraît pas anodin. Si j'osais une analogie, je rappellerais ce qui s'est passé en physique au moment où on a cessé de se demander pourquoi les corps se mouvaient. Pendant des siècles, on s'est demandé quelle était la force qui fait que les corps bougent malgré ce qu'on croyait être une tendance naturelle à l'inertie. Pendant des siècles, on s'est posé la question de cette façon. Mais un jour, un physicien a postulé que la tendance des corps, une fois qu'ils étaient mis en mouvement, était de poursuivre éternellement ce mouvement si rien ne venait y mettre fin. Et il a renversé la question : qu'est-ce qui fait que le mouvement s'arrête ? Quelle résistance les corps rencontrent-ils pour qu'ils finissent par s'arrêter ? Et c'est parce qu'on a renversé le sens de la question qu'on a découvert les grandes lois du mouvement.

En faisant le postulat de l'appât du don au lieu de celui de l'appât du gain, on opère un tel renversement. Et la question devient : qu'est-ce qui empêche les membres d'une société de donner ? Qu'est-ce qui freine l'appât du don ? Qu'est-ce qui fait que l'on résiste au don, que l'on retient les choses au lieu de les faire circuler ? L'analyse du don d'organes dans cette perspective a montré qu'en continuant à se poser la question de cette manière, on pourra peut-être mieux comprendre les raisons de la circulation des choses entre les humains.

### *La réciprocité est seconde*

Le postulat du don nous a aussi éloignés d'une conception du don fondée sur la réciprocité. Cette conséquence du postulat est aussi difficile à accepter que le postulat lui-même. Rappelons que Gouldner [1960] avait fait de la « norme de réciprocité » un postulat au sens où nous le proposons pour le don, puisqu'il affirmait dans l'article qui porte ce titre qu'il s'agissait d'une norme aussi forte et aussi généralisée que le tabou de l'inceste. La réciprocité a toujours été au centre des discussions sur le don, surtout depuis Mauss et à cause de l'influence de la réflexion anthropologique sur le don.

La réciprocité est importante, mais elle n'est pas le cœur du don et elle conduit inévitablement à retomber dans le paradigme dominant. Seule la présence du principe du don fait en sorte que la norme de réciprocité n'est pas absorbée par le principe de l'équivalence. Quand on cherche à modéliser le don à partir de la réciprocité, on a tendance à le concevoir uniquement comme la face positive de la vengeance; on conçoit don et vengeance comme deux figures symétriques. Mais ce faisant, on oublie que ce qui met fin à la vengeance, à la symétrie sans fin de la vengeance, c'est un don non réciproque, un « vrai » don. Gouldner lui-même le reconnaît dans un texte ultérieur moins connu, et intitulé justement « The Importance of Something for Nothing » [1973], où il montre que le don n'a rien de spécifiquement chrétien et qu'il est aussi universel que la norme de réciprocité. [Il fait référence à Confucius, Bouddha, Lao-Tze, Platon, Socrate et Aristote — *cf.* p. 283].

La grande erreur des modèles fondés sur la réciprocité provient de la confusion entre le constat d'un retour et la volonté ou l'intention de retour, soit le plus grand paradoxe du don, comme on l'a vu et comme le reconnaît également Gouldner :

> « Le paradoxe, c'est que le don qui rapporte le plus est le don gratuit, le don fait sans condition. Car ce qui est donné vraiment gratuitement touche les hommes profondément et les rend particulièrement endettés vis-à-vis de leurs bienfaiteurs » [1973, p. 277].

C'est pourquoi, comme l'écrit Mary Douglas, il y a une grande violence dans le don unilatéral s'il signifie le refus du retour :

> « Le don gratuit ne devrait pas exister. Ce qui est erroné et néfaste dans le soi-disant don gratuit, c'est la volonté du donneur de ne pas recevoir un don provenant du receveur. »

Il faut bien noter que ce qu'elle considère comme néfaste n'est pas l'absence de retour, mais l'absence de volonté de retour — plus précisément le refus du retour.

La confusion entre l'observation de ce qui circule et sa signification est la plus grande source de malentendu dans la théorie du don. Cette confusion conduit non seulement à centrer le don sur la réciprocité, mais à en faire un principe supérieur au don. Cette confusion s'explique par l'importance de l'anthropologie dans toute réflexion sur le don. L'anthropologie a le plus souvent, plus ou moins volontairement, fait cette confusion parce qu'elle a centré sa réflexion sur la circulation « objective » des choses (la quantité, les délais et les rituels qui l'accompagnent dans un sens et dans l'autre) sans chercher à approfondir le sens, les raisons de cette circulation, faisant ainsi implicitement (et souvent explicitement) le postulat de la réciprocité.

Pour illustrer ce dernier point, revenons à l'ouvrage de L. Cordonnier. Celui-ci, faute d'aller jusqu'à faire le postulat du don, ne parvient pas à rompre avec le modèle de l'équivalence parce qu'il se réfère au modèle du don archaïque développé par les anthropologues, un modèle fondé sur la réciprocité (quand ce n'est pas sur l'équivalence à long terme). Or c'est l'idée du « premier don », comme dit Simmel, qui résout le dilemme du prisonnier, et non la réciprocité. Le premier don est par définition non réciproque. Il engendre le système :

> « Le premier don est donné spontanément et possède une liberté ne contenant aucun devoir, pas même le devoir de gratitude. [...] Un tel geste naît d'un impératif psychique. [...] On *ne peut pas* rendre un premier don; car il a cette liberté qu'un don en retour, de par sa nature même, ne peut pas par définition posséder[11] » [Simmel, 1950, p. 392-393].

Il faut rejeter la réciprocité comme norme principale des systèmes de don. C'est ce qui ressort de l'analyse du don fait à des inconnus et du don dans les réseaux de parenté. Ces systèmes ne sont pas fondés sur la réciprocité même s'il y a retour, souvent plus important que le don initial d'ailleurs. Se contenter de distinguer entre retour immédiat et retour différé n'est pas suffisant. La réciprocité existe bien sûr, et dans les faits il y a retour. Mais le don, fondamentalement, n'est pas un modèle d'équivalence, pas même à long terme. (Cela peut se produire, mais ce n'est pas le modèle.)

### *L'importance de la dette*

L'approche par le don a conduit à accorder une grande importance à un système de circulation des choses rarement reconnu, celui de la dette positive. Son importance a été constatée dans la parenté et les liens primaires, mais aussi dans le don aux inconnus.

---

11. Gouldner est encore plus précis : « Pour utiliser une analogie un peu boîteuse : la norme de bienveillance (le don unilatéral) est la clé de contact qui actionne le démarreur (la norme de réciprocité), lequel, à son tour, met en marche le moteur (le cycle d'échanges mutuels) » [1973, p. 275].

On peut dire qu'on atteint un état de dette positif lorsque le désir de donner (ou la gratitude) que chaque partenaire ressent vis-à-vis de l'autre s'adresse à ce qu'il est au lieu de se rapporter uniquement à ce qu'il a reçu de l'autre. Cette distinction importante avait déjà été faite par Simmel [1950] et Gouldner [1973] à propos du don.

> « Nous ne remercions pas quelqu'un seulement pour ce qu'il fait [...] Nous lui sommes reconnaissant d'exister » [Simmel, 1950, p. 389]. « [Dans ce cas] la gratitude ne consiste pas dans un don en retour, mais dans la conscience du fait qu'il ne peut pas être rendu » [*ibid.*, p. 392].

Lorsque cette conscience existe chez les deux partenaires, on est en présence de la dette mutuelle positive. Pour Gouldner, on s'éloigne de la norme de réciprocité et on se rapproche de ce qu'il appelle « something for nothing » lorsque « le donneur donne à cause de ce que le receveur *est*, et non en fonction de ce qu'il *fait* » [1973, p. 270 — souligné par Gouldner]

La dette mutuelle positive ne caractérise pas tous les rapports de don. Mais le don implique toujours une référence à la dette chez l'ensemble des partenaires du don. La volonté de ne pas avoir de dette est, dans un système de don, une volonté de dominer l'autre, une atteinte à son identité. Dans une telle situation, le passage du don au droit constitue une amélioration importante. C'est d'ailleurs ce que nous avons constaté dans une enquête auprès de bénéficiaires de services bénévoles. Lorsque ces bénéficiaires ne peuvent pas (ou ne souhaitent pas) rendre, leur identité est menacée, et ils tendent alors à adopter le modèle du droit dans leurs rapports avec le personnel bénévole. Ils considèrent alors l'organisme de bénévolat comme un prolongement de l'État.

## LES FANTÔMES DU DON

Mais pourquoi le passage à un cadre de référence comme celui des droits constitue-t-il une moindre menace pour l'identité ? Parce que le droit fonde une dette de la société à « l'ayant droit ». Le donneur ne donne plus, il rend ; et rendre n'est pas

---

12. À condition bien sûr que ce droit soit reconnu comme légitime par les membres de la société.

une menace pour l'identité du receveur[12].

Se faire avoir est la figure négative du don la plus courante. Mais c'est peut-être, en fin de compte, la forme la plus bénigne du côté sombre du don. Se faire avoir, c'est perdre — ou ne pas recevoir — des possessions, soit la forme la plus extérieure, la première couche de notre identité. Mais plus profondément, dans un rapport de don négatif, on peut perdre la confiance en quelqu'un; et alors, on perd un lien social. Plus profondément encore, on peut perdre son identité.

Le danger de recevoir est la principale raison de ne pas donner, celle qui justifie de remplacer le système de don par un système de droit ou un système marchand. « Accepter quelque chose de quelqu'un, c'est accepter quelque chose de son essence spirituelle, de son âme; la conservation de cette chose serait dangereuse et mortelle[13]. » L'auteur de l'*Essai sur le don* exprime ainsi l'essentiel des bonnes raisons de ne pas donner : elles résident dans l'impossibilité de rendre. Ne pas pouvoir rendre, c'est devenir ce que l'on reçoit, être transformé dans son identité, comme le révèle le don d'organes. Dans le film de Ken McMullen, *Ghost Dance*, Derrida affirme que pour Freud[14], les fantômes sont la métaphore d'un mauvais travail de deuil, le symptôme d'un deuil non réussi. Le travail de deuil a normalement pour résultat l'intériorisation de la personne décédée, que l'on fait revivre par nous. Lorsque ce travail de deuil échoue, au lieu d'intériorisation, on peut parler d'incorporation. Alors le mort vit en nous, parfois à notre place. Il est un fantôme et menace notre identité.

Cette métaphore s'applique au rapport de don. Le don négatif, c'est le fantôme du don, le fantôme du don positif. C'est l'alternative que vivent les receveurs d'organes : intériorisation de l'organe de l'autre qui devient partie de soi, ou incorporation de l'autre, qui devient fantôme en moi. Mais cette menace n'est pas propre au don d'organes. Elle est présente dans tous les rapports de don.

Ce fantôme habite par exemple les rapports entre l'Occident

13. Mauss [1950, p. 161; voir aussi p. 254, à propos du don-poison]. Mauss fait ces remarques à propos du *hau*, soit l'idée la plus contestée de son essai.

14. Voir à ce sujet Abraham et Torok [1987].

et le tiers monde. Le don humanitaire met en évidence une caractéristique de ce système de don aux inconnus : le fait que le receveur soit considéré comme acquis, qu'on ne lui demande pas son avis [Fairchild, 1996; Latouche, 1992; Aragon, 1996; Douglas, 1990]. Plus encore que par le marché, c'est par les dons non rendus que les sociétés dominées finissent par s'identifier à l'Occident et perdent leur âme, affirme Serge Latouche dans *L'Occidentalisation du monde* [1992].

> « Le véhicule de cette "conversion" (aux valeurs occidentales) ne peut être la violence ouverte ou le pillage même déguisé en échange marchand "inégal", c'est le don. C'est en donnant que l'Occident acquiert le pouvoir et le prestige qui engendrent la véritable déstructuration culturelle » [p. 68]. « [L'Occident] se tient hors d'atteinte et continue de donner sans rien accepter. Il s'approprie le cas échéant, mais ne reconnaît aucune dette et n'entend recevoir de leçon de personne » [p. 69].

C'est exactement ce qu'affirme Mary Douglas [1990] dans sa préface à l'*Essai sur le don* de Marcel Mauss :

> « Ce qui est néfaste dans le soi-disant don gratuit, c'est la volonté du donneur de ne pas recevoir un don provenant du receveur. »

# Bibliographie


ABELL Peter, 1992, « Is Rational Choice Theory a Rational Choice of Theory ? », *in* J. COLEMAN J., FARARO T. J. (sous la dir. de), *Rational Choice Theory, Advocacy and Critique*, Londres, Sage, p. 183-206.

ABRAHAM Nicolas, TOROK Maria, 1987, *L'Écorce et le Noyau,* Paris, Flammarion.

ARISTOTE 1965, *Éthique de Nicomaque,* Paris, Flammarion.

BANK G. J., 1995, « Legal and Ethical Safeguards, Protection of Society's Most Vulnerable Participants in a Commercialized Organ Transplantation System », *American Journal of Law and Medecine,* vol. 21, n° 1, p. 45-110.

BATAILLE Georges, 1967, *La Part maudite,* précédé de *La Notion de dépense,* Paris, Éditions de Minuit.

BEAUCAGE Pierre, 1995, « Présentation. Échange et société, avant et après Mauss », *Anthropologie et Sociétés. Retour sur le don,* vol. 19, p. 5-16.

BELK Russell W., COON Gregory S., 1993, « Gift Giving as Agapic Love, An Alternative to the Exchange Paradigm Based on Dating Experiences », *Journal of Consumer Research,* vol. 20, p. 393-417.

BERT Catherine, 1994, « Réflexion éthique sur la prolongation de la vie pour fin de don d'organes », *Frontières*, vol. 7, p. 19-24.

BERTHOUD Gérald, 1994, « L'économie, un ordre généralisé ? Les ambitions d'un prix Nobel », *La Revue du MAUSS semestrielle* n° 3, 1er semestre, p. 42-59.

BOILLEAU Jean-Luc, 1995, *Conflit et lien social. La rivalité contre la domination,* Paris, La Découverte/MAUSS, 204 p.

BONNET Francis, COHEN Sophie, 2000, *Recherche des causes de la pénurie*, *in* CARVAIS Robert, SASPORTES Marilyne (sous la dir. de), *La Greffe humaine*, Paris, PUF, p. 305-320.

BOUDON Raymond, CHERKAOUI Mohamed, LÉCUYER Bernard-Pierre, 1999, *Dictionnaire de sociologie*, Paris, Larousse.

BRAULT M.-M., SAINT-JEAN L., 1990, *Entraide et Associations*, Québec, Institut québécois de recherche sur la culture, p. 9.

BUCHANAN James M., 1975, « The Samaritan's Dilemma », *in* PHELPS Edmund S. (sous la dir. de), *Altruism, Morality and Economic Theory*, New York, Russell Sage Foundation, p. 71-85.

CAILLÉ Alain, 1996, « Ni holisme ni individualisme méthodologiques. Marcel Mauss et le paradigme du don », *La Revue du MAUSS semestrielle* n° 8, 2e semestre, p. 12-58.

— 1994, *Don, intérêt et désintéressement. Bourdieu, Mauss, Platon et quelques autres*, Paris, La Découverte/MAUSS.

— (sous la dir. de), 1993, « Bioéthique, ville et citoyenneté », *Cahiers du LASA*, n° 15-16.

— 1989, *Critique de la raison utilitaire*, Paris, La Découverte.

CAPLOW Theodore, 1984, « Rule Enforcement without Visible Means, Christmas Gift Giving in Middletown », *American Journal of Sociology* 89, p. 1306-1323.

CARVAIS Robert, SASPORTES Marilyne (sous la dir. de), 2000, *La Greffe humaine*, Paris, PUF

CASTER, 1995, *Les Métamorphoses de la question sociale. Une chronique du salariat*, Paris, Fayard.

CHARBONNEAU Johanne, 1997, *Du don vers l'intervention sociale*, Longueuil, centre Jeunesse de la Montérégie.

CHARBONNEAU Johanne, GAUDET Stéphanie, 1998a, *Les solidarités spontanées durant la tempête de verglas*, Montréal, INRS-Urbanisation.

— 1998b, *Impacts sociaux et psycho-sociaux de la tempête de verglas*, Montréal, INRS-Urbanisation.

CHARLES Aline, 1990, *Travail d'ombre et de lumière. Le bénévolat féminin à l'hôpital Sainte-Justine, 1907-1960*, Québec, Institut québécois de recherche sur la culture.

CHATEAUNEUF Linda, 1995, « Les dons se méritent », *Affaires universitaires*.

COLEMAN James, 1988, « Social Capital in the Creation of Human Capital », *American Journal of Sociology*, vol. 94, p. S95-S120.

COLEMAN J., FARARO Thomas J., 1992, « Rational Choice Theory, Advocacy and Critique », Londres, Sage, p. 232.

COLLIN Jean-Pierre, 1995, *La Ligue ouvrière catholique canadienne, 1938-1965*, Montréal, Boréal.

COLOZZI Ivo, BASSI Andrea, 1995, *Una solidarietà efficiente*, Rome, La Nuova Italia Scientifica.

COMTE-SPONVILLE André, 1995, *Petit traité des grandes vertus*, Paris, PUF.

CORBIN Jean-François, 2000, « Le paradoxe du refus chez le receveur. Le temps de la greffe entre l'avoir et l'être », *in* CARVAIS Robert, SASPORTES Marilyne (sous la dir. de), *La Greffe humaine*, Paris, PUF, p. 521-535

CORDONNIER Laurent, 1997, *Coopération et Réciprocité,* Paris, PUF, 210 p.

CROZIER Michel, 1989, *L'Entreprise à l'écoute. Apprendre le management post-industriel,* Paris, Interéditions, 217 p.

DASGUPTA Partha, 1993, « Altruism and the Allocation of Resources », *Social Service Review*, vol. 67, p. 374-387.

De SINGLY François, 1996, *Le soi, le couple et la famille,* Paris, Nathan.

— 1988, « L'amour, un bien privé, un mal public ? », *Revue française des affaires sociales,* vol. 42, p. 129-141.

DE WAAL Frans, 1995, *La Politique du chimpanzé,* Paris, Odile Jacob.

DEGENNE Alain, FORSÉ Michel, 1994, *Les Réseaux sociaux,* Paris, Armand Colin.

DERRIDA J., 1991, *Donner le temps. Tome 1. La fausse monnaie,* Paris, Galilée.

DESCLOS Jean, 1993, *Greffes d'organes et solidarité,* Montréal/Paris, éditions Paulines.

DESCOMBES Vincent, 1996, *Les Institutions du sens,* Paris, Les Éditions de Minuit.

DONATI Pierpalo, 1996, *Teoria Relazionale della Societa,* Milan, Franco Angeli.

— 1995, « I dilemmi della "regolazione promozionale" del terzo settore », *in* COLOZZI I. (sous la dir. de), *Quale regole per il terzo settore in Italia ?,* Bologne, p. 29.

— 1993, *La cittadinanza societaria*, Rome-Bari, Laterza.

DOUGLAS Mary, 1990, *No free gifts. Foreword to* The Gift, *by Marcel Mauss,* New York/Londres, W.W. Norton, p. VII-XVIII (trad. franç. *in* Douglas, 1999).

— 1999, *Comment pensent les institutions*, suivi de *Il n'y a pas de don gratuit* et *La connaissance de soi*, Paris, La Découverte/M.A.U.S.S.

DUFOURCQ Nicolas, 1995, « Le don entre pureté et impureté », *Esprit,* p. 34-58.

DUMONT Louis, 1983, *Essais sur l'individualisme,* Paris, Seuil.

DURKHEIM Émile, 1992, « L'enseignement de la morale à l'école primaire », *Revue française de sociologie,* vol. 23, p. 609-623.

DÜRCKHEIM K. G., 1976, *Le Zen et nous,* Paris, Le Courrier du livre.

DWYER Jeffrey W., LEE Gary R., JANKOWSKI B., 1994, « Reciprocity, Elder Satisfaction and Caregiver Stress and Burden. The Exchange of Aid in the Family Caregiving Relationship », *Journal of Marriage and the Family,* vol. 56, p. 35-43.

ELSTER Jon, 1995, « Rationalité et normes sociales, un modèle pluridisciplinaire », *in* Gérard-Varet L. A., Passeron J.-C. (sous la dir. de), *Le Modèle et l'Enquête. Les usages du principe de rationalité dans les sciences sociales,* Paris, Éditions de l'EHESS, p. 139-148.

ETZIONI Amitai, 1988, *The Moral Dimension. Toward a New Economics,* New York, The Free Press.

FAIRCHILD Diane, 1996, « Don humanitaire, don pervers », *La Revue du MAUSS semestrielle* n° 8, 2e semestre, p. 294-300.

FERRAND-BECHMANN D., 1991, *Le Phénomène bénévole,* Paris, Institut d'études politiques de Paris.

FINCH J., MASON J., 1993, *Negotiating Family Responsibilities,* Londres/New York, Tavistock & Routledge.

FOURNIER Marcel, 1995, « Marcel Mauss, l'ethnologie et la politique, le don », *Anthropologie et société. Retour du don,* vol. 19, p. 57-70.

FOX Renée C., O'CONNELL Laurence J., YOUNGNER Stuart J., 1996, *Organ Transplantation, Meanings and Realities,* Madison, The University of Wisconsin Press.

FOX Renée C., SWAZEY Judith, 1992, *Spare Parts. Organ Replacement in American Society,* New York, Oxford University Press.

FRANK Robert H., 1988, *Passions within Reason. The Strategic Role of the Emotions,* New York, W. W. Norton & Company.

FRANKE Sandra-Ann, 1996, *L'allocation des ressources rares en soin de santé. L'exemple de la transplantation d'organes,* colloque ACFAS, Montréal, université McGill.

FRIEDBERG Erhard, 1993, *Le Pouvoir et la Règle,* Paris, Seuil, 404 p.

FUKUYAMA Francis, 1995, *Trust. The Social Virtues and the Creation of Prosperity,* New York, The Free Press.

GÉRARD-VARET Louis-André, PASSERON Jean-Claude, 1995, *Le Modèle et l'Enquête. Les usages du principe de rationalité dans les sciences sociales*, Paris, Éditions de l'EHESS.

GODBOUT Jacques T., 1997, « Don et solidarité », *in Produire les solidarités. La part des associations,* Paris, MIRE, p. 294-299.

— 1997a, « Le don d'organes, une ressource rare ? », *in* SAINT-ARNAUD J. (sous la dir. de), *L'allocation des ressources rares en soin de santé. L'exemple de la transplantation d'organes,* Montréal, *ACFAS*, p. 13-32.

— 1997b, « Recevoir, c'est donner », *Communications,* vol. 65, p. 35-48.

— 1996, « Is There an Intention to Give ? », *The Gift. Theory and Practice,* International Conference, Trent University.

— 1995, « Les "bonnes raisons" de donner », *Anthropologie et Sociétés,* vol. 19, p. 45-56.

— 1994, « Y a-t-il une économie de la parenté ? » *L'Ethnographie,* vol. 90, p. 13-23.

— 1990, « Le communautaire et l'appareil », *in* BRAULT M. M., ST-JEAN L. (sous la dir. de), *Entraide et Associations,* Montréal, Institut québécois de recherche sur la culture, p. 173-187.
— 1987, *La Démocratie des usagers,* Montréal, Boréal.
— 1983, *La Participation contre la démocratie,* Montréal, éditions Saint-Martin.
— avec CAILLÉ Alain, 2000, *L'Esprit du don,* Paris, La Découverte/Poche (réédition).
— avec CHARBONNEAU Johanne, LEMIEUX Vincent, 1996a, *La Circulation du don dans la parenté*, Montréal, INRS-Urbanisation, RR 17.
— avec GUAY Jérome, 1988, *Le Communautaire public. Le cas d'un CLSC,* Montréal, INRS-Urbanisation.
GODELIER Maurice, 1996, *L'Énigme du don,* Paris, Fayard.
GOODWIN Raheja G., 1988, *The Poison in the Gift. Ritual, Prestations and the Dominant Caste in a North Indian Village,* Chicago, University Press.
GOTMAN Anne, 1997, « La question de l'hospitalité aujourd'hui », *Communications,* vol. 65, p. 5-19
— 1995, *Dilapidation et Prodigalité,* Paris, Nathan.
— 1985, « L'économie symbolique des biens de famille », *Dialogue*, p. 58-73.
GOULDNER Alain W., 1989, « La classe moyenne et l'esprit utilitaire », *La Revue du MAUSS* n° 5, 3e trimestre, p. 14-39.
GOULDNER Alvin W., 1973, « The Importance of Something for Nothing », *in For Sociology. Renewal and Critique in Sociology Today,* New York, Basic Books.
— 1960, « The Norm of Reciprocity », *American Sociological Review,* vol. 25, n° 2, p. 161-178.
GOUX Jean-Joseph, 1996, « Don et altérité chez Sénèque », *La Revue du MAUSS semestrielle* n° 6, 2e semestre, p. 114-131.
GRANOVETTER Mark, 1985, « Economic Action and Social Structure. The Problem of Embeddedness », *American Journal of Sociology,* vol. 91, p. 481-510.
GUÉRY Alain, 1983, « Le roi dépensier. Du don à l'impôt », *Bulletin du MAUSS* n° 5, p. 7-46.
HAGENDORF *et alii,* 1994, « Que font-ils de vos dons ? », *50 millions de consommateurs,* p. 17.
HAYEK F.A., [1944] 1996, *The Road to Serfdom,* Londres, Routledge & Kegan Paul.
HIRSCHMAN Albert O., 1977, *The Passions and the Interests. Political Arguments for Capitalism before its Triumph,* Princeton, Princeton University Press.

— 1970, *Exit, Voice and Loyalty. Response to Decline in Firms, Organizations and States,* Cambridge, Harvard University Press, 162 p.

HOCHSCHILD Arlie R., 1989, « The Economy of Gratitude », *in* FRANKS David, MCCARTHY Doyle (sous la dir. de), *The Sociology of Emotions,* Connecticut, JAI Press Inc., p. 95-113.

HOFFMAN Eva, 1989, *Lost in Translation. A Life in a New Language,* New York, Penguin Books.

HOFSTADTER Douglas R., 1980, *Gödel, Escher, Bach, an Eternal Golden Braid,* New York, Vintage Books, 777 p.

HOLLAND John H., 1991, « Complex Adaptive Sytems », *Daedalus,* vol. 121, p. 17-30.

HOTTOIS Gilbert, 1992, « Solidarité et disposition du corps humain. Au-delà de la symbolique du don et de l'opérativité du marché », *in* PARIZEAU Marie-Hélène (sous la dir. de), *Les Fondements de la bioéthique,* Montréal, ERPI, p. 103-119.

HUIZINGA Johan, 1949, *Homo Ludens. A Study of the Play-Element in Culture,* Londres, Routledge & Kegan Paul.

INSEL Ahmet, 1994, « Une rigueur pour la forme », *La Revue du MAUSS semestrielle* n° 3, p. 77-94.

JAISSON Pierre, 1993, *La Fourmi et le Sociobiologiste,* Paris, Odile Jacob.

KARSENTI Bruno, 1994, *Marcel Mauss. Le fait social total,* France, PUF, 128 p.

KELLERHALS Jean, COENEN-HUTHER Josette, VON ALLMEN Malik, 1994, *Les Réseaux de solidarité dans la famille,* Lausanne, Réalités sociales.

KELLERHALS J., 1988, *Figures de l'équité. La construction des normes de justice dans les groupes,* Paris, PUF.

LANNA Marcos P. D., 1995, *A Divida Divina, Troca e Patronagem no Nordeste Brasileiro,* Campinas SP, Brésil, Editora da Unicam.

LATOUCHE Serge, 1998, *L'Autre Afrique. Entre don et marché,* Paris, Albin Michel.

— 1993, « Le don mauritanien », *La Revue du MAUSS semestrielle* n° 1, 1er semestre, p. 117-138.

— 1992, *L'Occidentalisation du monde,* Paris, La Découverte.

LE BRETON David, 1993, *La Chair à vif,* Paris, A. M. Métaillié.

LEFORT Claude, 1951, « L'échange et la lutte des hommes », *Les Temps modernes,* vol. 64, p. 1400-1417.

LEMIEUX Vincent, 1997, « Réseaux et coalitions », *L'Année sociologique,* vol. 47, n° 1, p. 55-72.

— avec JOUBERT Pierre, FORTIN René, 1981, *Réseaux et Appareils. une recherche dans l'Islet,* Québec, département de science politique, université Laval.

LOCK Margaret, 1996, « Deadly Disputes, Ideologies and Brain Death in Japan », *in* FOX Renée C., O'CONNELL Laurence J., YOUNGNER Stuart J. (sous la dir. de), *Organ Transplantation. Meanings and Realities*, Madison, The University of Wisconsin Press, p. 142-167.

LUC Laurent-Paul, 1993, *La vie qui se donne,* Rimouski, ACFAS.

MALINOWSKI B., 1989, *Les Argonautes du Pacifique occidental,* Paris, Gallimard.

MANSBRIDGE Jane J. (sous la dir. de), 1990, *Beyond Self-Interest,* Chicago/Londres, The University of Chicago Press.

MAUSS Marcel, [1924] 1950, « Essai sur le don », *in Sociologie et Anthropologie*, Paris, PUF.

MICHELS Robert, [1914] 1971, *Les Partis politiques,* Paris, Flammarion.

MODELL Judith S., 1994, *Kinship with Strangers. Adoption and Interpretations of Kinship in American Culture,* Berkeley, University of California Press.

MOSCOVICI Serge, 1988, *La Machine à faire des dieux,* Paris, Fayard.

MOUSSAIEFF Masson, MCCARTHY Jeffrey et Susan, 1997, *Quand les éléphants pleurent. La vie émotionnelle des animaux,* Paris, Albin Michel, 388 p.

O'CONNELL 1984, « An Exploration of Exchange in Three Social Relationships, Kinship, Friendship and the Market Place », *Journal of Social and Personal Relationships,* vol. I, p. 333-345.

OLSON Mancur, 1965, *The Logic of Collective Action,* Cambridge, Mass., Harvard University Press.

ORLÉAN André, 1994, « Sur le rôle respectif de la confiance et de l'intérêt dans la constitution de l'ordre marchand », *La Revue du MAUSS semestrielle* n° 4, 2e semestre.

PELLISSIER Anne, 1997, « Être greffé. Destruction ou aménagement du lien entre identité personnelle et intégrité personnelle », *MANA* n° 3, p. 197-217.

PETITAT André, 1995, « Le don, espace imaginaire normatif et secret des acteurs », *Anthropologie et Sociétés. Retour sur le don,* vol. 19, p. 17-44.

PIAGET Jean, 1977, « Essai sur la théorie des valeurs qualitatives en sociologie statique », *in* PIAGET Jean (sous la dir. de), *Études sociologiques,* Paris, Droz, p. 101-142.

PILLIAVIN J., CHARNG H. W., 1990, « Altruism. A Review of Recent Theory and Research », *Annual Review of Sociology,* vol. 16, p. 27-65.

PITROU Agnès, 1992, *Les Solidarités familiales. Vivre sans famille ?,* Toulouse, Privat.

POLANYI Karl, 1977, *The Livelihood of Man,* New York, Academic Press.
— 1957, *The Great Transformation. The Political and Economic Origins of our Times,* Boston, Beacon Press, 315 p.

POLLAY Richard W., 1987, « It's the Thought that Counts. A Case Study in Xmas Excesses », *Advances in Consumer Research,* vol. 13, p. 140-143.

RABANES Frédérick, 1992, « Transplantations d'organes, identité et désirs du patient », *Le Journal des psychologues,* vol. 102, p. 48-50.

RIMLAND Bernard, 1982, « The Altruism Paradox », *Psychological Reports* 51, p. 521-522.

ROBICHAUD S., 1995, « Le programme EXTRA est-il ordinaire ? Questions impertinentes », *Revue canadienne de politique sociale,* vol. 36, p. 55-63.

ROMEDER J.-M., 1989, *Les Groupes d'entraide et la santé. Nouvelles solidarités,* Conseil canadien de développement social, Ottawa/Montréal.

RYNNING M., 1989, « Reciprocity in a Gift-Giving Situation », *The Journal of Social Psychology,* vol. 129, p. 769-778.

SAHLINS Marshall, 1976, *Âge de pierre, âge d'abondance. L'économie des sociétés primitives,* Paris, Gallimard.

SARTRE Jean-Paul, 1983, *Cahiers pour une morale,* Paris, Gallimard.

SCHWERING Karl-Leo, 1998, *Don et Incorporation. Les enjeux psychiques de la transplantation d'organes*, Louvain, Université catholique de Louvain (thèse).

SCIULLI David, 1992, « Weaknesses in Rational Choice Theory's Contribution to Comparative Research », *in* COLEMAN J., FARARO T. J. (sous la dir. de), *Rational Choice Theory, Advocacy and Critique,* Londres, Sage, p. 161-180.

SÉNEQUE, 1972, *Des bienfaits I,* Paris, Les Belles Lettres.

SHARP Lesley A., 1995, « Organ Transplantation as a Transformative Experience. Anthropological Insights into the Restructuring of the Self », *Medical Anthropological Quarterly,* vol. 9, p. 357-389.

SHERRY J. F. jr, MCGRATH M. A., LEVY S. J., 1993, « The Dark Side of the Gift », *Journal of Business Research,* vol. 28, p. 225-244.

SHURMER Pamela, 1971, « The Gift Game », *New Society,* vol. 18, p. 1242-1244.

SILBER Iliana F., 1995, « Gift-Giving in the Great Traditions. The Case of Donations to Monasteries in the Medieval West », *Archives européennes de sociologie,* vol. XXXVI, p. 209-243. Version française abrégée dans *La Revue du MAUSS semestrielle* n° 8, 2e semestre 1996.

SIMMEL Georg, 1950, *The Sociology of Georg Simmel*, New York, The Free Press.

— 1987, *La Philosophie de l'argent,* Paris, PUF.

— 1990, « Digressions sur l'étranger », *in* JOSEPH Isaac (sous la dir. de), *L'École de Chicago. Naissance de l'écologie urbaine*, Paris, Champ urbain, p. 53-59.

SIMMONS Roberta G., SCHIMMEL Mindy, BUTTERWORTH Victoria A., 1993, « The Self-Image of Unrelated Bone Marrow Donors », *Journal of Health and Social Behavior,* vol. 34, p. 285-301.

STARK Oded, 1995, *Altruism and beyond. An Economic Analysis of Transfers and Exchanges within Families and Groups,* Cambridge, Cambridge University Press.

STATISTIQUE CANADA, 1995, *Travail non rémunéré des ménages, mesure et évaluation,* Ottawa, Catalogue 13-603F, n° 3.

STOLLER Palo E., 1985, « Exchange Patterns in the Informal Support. Networks of the Elderly, The Impact of Reciprocity on Morale », *Journal of Marriage and the Family,* vol. 47, p. 335-342.

TAROT C., 1996, « Danger, don ! », *La Revue du MAUSS semestrielle* n° 8, 2e semestre, p. 198-219.

TAYLOR Charles, 1991, *The Malaise of Modernity,* Concord, Ontario, Anansi.

TEMPLE Dominique, CHABAL Mireille, 1995, *La Réciprocité et la naissance des valeurs humaines,* Paris, L'Harmattan, 263 p.

THOMAS D'AQUIN, 1932, *Somme théologique. Les vertus sociales*, Paris, Desclée de Brouwer.

TITMUSS Richard, 1972, *The Gift Relationship. From Human Blood to Social Policy*, New York, Vintage Books.

TONNIES Ferdinand, 1964, *Community and Society,* East Landing, Michigan State University Press.

VAN TIL Jon, 1988, *Mapping the Third Sector,* États-Unis, The Foundation Center.

WALKER A. J., PRATT C. C., OPPY N. C., 1992, « Perceived Reciprocity in Family Caregiving », *Family Relations,* p. 82-85.

WEINER Annette B., 1988, « La richesse inaliénable », *La Revue du MAUSS* n° 2, 4e trimestre, p. 126-160.

WOLFE Alan, 1989, *Whose Keeper ? Social Science and Moral Obligation,* Berkeley, University of California Press.

WRONG Dennis, 1961, « The Oversocialized Conception of Man in Modern Sociology », *American Sociological Review* 26, p. 183-193.

WUTHNOW Robert, 1991, *Acts of Compassion. Caring for Others and Helping Ourselves,* New Jersey, Princeton University Press.

# Table

ACHEVÉ D'IMPRIMER EN NOVEMBRE 2000
SUR LES PRESSES DE L'IMPRIMERIE AGMV MARQUIS
À CAP-SAINT-IGNACE (QUÉBEC).